A National Security Strategy Primer

米国防大学に学ぶ
国家安全保障
戦略入門

A.オラー
S.ヘフィントン
D.トレトラー［編著］

磯部晃一［編訳］
（元陸将）

並木書房

はじめに

　人との邂逅というものは人生を豊かにしてくれる。しかし、限られた人生の中ではめぐり会える人にも限りがある。書物はそれを補い、多くの出会いをもたらしてくれるものだ。私は、2021年に素晴らしい著作と出会えた。それが "A National Security Strategy Primer（「国家安全保障戦略入門」）" である。本書では、この著作をNSSプライマーと称することとする。

　幹部自衛官に米軍の戦略を講義するための準備をしている頃に、米軍のウェブサイトでこの文献に出会った。このような戦略策定に関する入門書は日本の研究書では見つけることは難しい。米国ならではの国家戦略に関する入門書であると直感的に思い、一気に読み進めた。そして、この入門書は日本における国家戦略策定に大いに役立つと確信した。

　時おりしも、2022年2月24日にロシアによる一方的なウクライナ侵攻が始まった。ウクライナの戦況を追いながらも、NSSプライマーの翻訳をしつつ執筆を続けることにした。NSSプライマーを読み込んでいた効果もあって、プーチン大統領やゼレンスキー大統領の戦略を自分なりに理解することも深まった。その成果については「第3部 適用編 NSSプライマーで読み解くプーチンとゼレンスキーの戦略」でまとめている。

　さて、日本において一般に「戦略」という言葉から連想されるイメージとはどのようなものであろうか。それは企業経営における方針を

いかにするか、といったものになるのではないだろうか。

　ある書籍検索エンジンで「戦略」をクリックすると、経営戦略、日本再生戦略、資産運用戦略、さらには、パチンコ必勝戦略といった書籍がヒットする。日本における戦略は、安全保障や軍事に関する戦略とはやや趣を異にしている。しかし、戦略とは、そもそも国家が生存し、繁栄するための道標、生きる術であり、戦いにおいて勝利を導くためのバイブルのような存在である。

　最近、日本においても、19世紀のプロイセン（今のドイツ）の軍事学者カール・フォン・クラウゼヴィッツが記した『戦略論』が一般の読者にも読まれるようになってきた。戦略とはいかなるものか、国家戦略はいかにあるべきか、といった議論が巷間出てくるようになった。いわゆる「戦略とは何か？（WHAT）」が世に問われ始めたと言える。

　しかし、日本においては「戦略をいかに策定するか？（HOW）」については、ほとんど目にすることはない。

　今後、日本が一層厳しい国際情勢の中で生き残り、繁栄を維持するためには、国家戦略を構築することは待ったなしの状況である。北朝鮮のミサイル・核開発とそれにともなう挑発的な行動、南シナ海や東シナ海における中国による現状変更の試み、そして、ロシアによる一方的なウクライナ侵攻を見ると、国家としての戦略を構築することは喫緊の課題であることがわかる。

　日本では、2013年12月、安倍晋三政権の下で戦後初めての「国家安全保障戦略」が策定された。そして、それから9年後の2022年12月に2度目の「国家安全保障戦略」が策定された。

　冒頭紹介したNSSプライマーは、2019年に米国防大学のウェブサイトに公開された。これは、日本における今後の戦略論議において、あるいは実際に国家戦略や経営戦略を策定するに際して"格好の入門書"となり得るものである。

本書の構成

　本書は、導入編、翻訳編、適用編の3部構成になっている。その主たる内容は、第2部のNSSプライマーの全訳部分である。NSSプライマーは、米国防大学の学生（米軍人、政府職員、留学生）用に国家安全保障戦略を理解するための入門書として作成されたものである。おそらく国家安全保障戦略のみならず、経営戦略などを策定するうえで、本書は最も参考になる著作であろう。

　ロシアによるウクライナ侵攻は、21世紀に暮らす世界の人々に国家指導者のエゴイズムや軍事のリアリティを再認識させた。すでに歴史として記憶されている第2次世界大戦のような軍事侵攻が、現状維持勢力であったはずの国際連合安全保障理事会の常任理事国の一員であるロシアによって行なわれたという事実に多くの国や市民が衝撃を受けた。多くの読者も国家の防衛や戦略の重要性を再認識されたことであろう。

　NSSプライマーは、その中核を占める国家安全保障戦略とはいかなるもので、いかに策定されるべきかを解き明かすものである。しかし、いきなり本編のNSSプライマーから読み始めると、多くの専門用語に遭遇することとなり、難解な部分も少なくない。そこで、「導入編」として、戦略一般や日本の戦略環境および特性、NSSプライマーを理解するうえで参考となる基礎知識や用語を解説することとした。

　さらに第2部のNSSプライマーを読んだうえで、実際の戦略を考察する際にNSSプライマーの主眼である「戦略ロジック」などをどのように適用すればよいかの実例として、進行中のロシアのウクライナ侵略を取り上げ、その考え方を具体的に解説した。

　戦略を策定するにあたり、あるいは行動方針を決心する際に、いかに戦略環境を考察すればよいのか、特に思考過程や考慮すべき事項など、重要なポイントを解説することを心がけた。

　なお訳出に際して、長文の原文は複数の文に分割して真意が伝わりやすいようにし、適宜訳注を付した。

本書の刊行にあたりNSSプライマーの編者である米国防大学のアダム・オラー（Adam Oler）准教授とスティーヴン・ヘフィントン（Steven Heffington）助教授が「日本の読者へ」と題する寄稿文を寄せてくださった。2022年にも同大学を訪問したが、いつもながら、卒業生を温かく迎えてくださる。お忙しいなか、特別に寄稿してくださったことに感謝申しあげる。

　NSSプライマーの「戦略ロジック」という考え方は、ビジネスにおける経営戦略や方針策定においても極めて有効なツールとなるであろう。実際に戦略の策定に携わる防衛省・自衛隊はじめ政府関係者、経営企画戦略に携わるビジネスパーソン、戦略に関心のある方々の思考の参考になれば望外の喜びである。

　2023年8月

日本の読者へ

アダム・オラー

（米国防大学 国家戦略大学副学部長・戦略准教授／法務博士）

スティーヴン・ヘフィントン

（国家戦略大学助教授／空軍大佐）

　一般には単に『入門書（Primer）』として知られている『国家安全保障戦略入門（NSSプライマー）』は、国家戦略大学（NWC：National War College）の努力の結晶です。

　国家レベルでの戦略の研究、設計、そして実行のための共通の出発点が必要であるとの認識の下、2016年に当時のNWC学部長であったデイブ・トレトラー（Dave Tretler）博士は、NSSプライマーを作成するプロジェクトを立ち上げました。

　本書の当初の目標は、15年近くにわたってNWCのカリキュラムを構成してきた「戦略ロジック」の概念を定義することでした。「戦略ロジック」の5つの要素は概ね合意されていましたが、用語や基本的なアプローチ、そして目的－方法－手段を実際にいかにとらえるかについての議論は、しばしば混乱を招いていました。加えて、それにより首尾一貫した要領で教えることが難しくなり、理論と実践を深く思索するよりも、定義を議論することに多くの時間を費やしていました。

　NSSプライマーにとっての課題は、戦略の全体像をより適切に定義し、総合化するところにありました。そのためには、創造性を発揮して、既成概念にとらわれない思考をすることが不可欠となります。戦略の全体像とモデル化はとても意義のあるものです。一方で、型にはまって創造性に欠けるものになってしまったり、チェックリストのような戦略に陥ってしまったりしないことが極めて重要です。

戦略はアートです。NSSプライマーを編み出す私たちの目標は、学生や戦略家がそのアートを創造するのに役立つ、共通のツールと共有する認識を提供することであり、それは現在も変わりありません。

　NSSプライマーは多くの人々の成果からもたらされているものであり、それは巻末に掲載されている参考文献をご覧になればわかっていただけると思います。

　ただ、NSSプライマーは2つの新たな概念やアイデアを導入し、2017年に発表されて以来、米国やそれ以外の国々での戦略策定に影響を与えてきました。

　第1は、国力の要素、国力の道具およびそれらを実際に用いる機関/アクターを分けて考えるという概念です（訳注：第4章図5、90頁参照）。多くの場合、機関/アクターは国力の道具であるかのように扱われますが、機関を道具として見なすと、代替案の検討を狭めてしまい、戦略の考察を萎縮させてしまうおそれがあります。

　第2に、NSSプライマーは、目的‐方法‐手段の関係を提示するための新しいモデル（訳注：付録B、112～113頁参照）を作成しました。繰り返しになりますが、これは単なるチェックリストではありません。この新しいモデルは思考を促進し、戦略のすべての要素間の関係と相互関係を注意深く検討することを戦略家に奨励するように設計されています。

　NSSプライマーは多くの資料を活用しましたが、その定義のコレクションやコンセプトの要約、そして戦略テスト（訳注：第6章のビリティ・テストのこと、104頁参照）は、本書の構想を斬新でユニークなものにしています。

　NSSプライマーのこれらの部分は、すべてを網羅することを意図しているわけではありませんが、目的－方法－手段モデルと同様に、戦略にとって何が欠けているか、リスクが適切に特定されているかどうか、費用－リスク－便益の計算が徹底的かつ誠実に行なわれているかどうかを考える際に有益なものです。

NSSプライマーの編著者として、本書が日本語に翻訳されるととも
に、日本という同盟国が本書を活用されることは誠に喜ばしいと思っ
ています。

　私たちは日本の読者からのフィードバックを楽しみにしています。
そして、皆さんが今後探求されることになるであろう試練や機会にお
いて、本書が適用され大いに役立つことを願ってやみません。

　2023年7月

目　次

第3部 適用編
NSSプライマーで読み解く
プーチンとゼレンスキーの戦略（磯部晃一）125

第1部 導入編

なぜ国家安全保障戦略は必要か

（磯部晃一）

米国防大学は国防省における最高学府

米国の首都ワシントンD.C.の中心部には、ナショナル・モールと呼ばれる東西に広く帯のようにのびる緑地帯がある。その西端、ポトマック河畔にリンカーン記念堂が建っている。そこから南東に向かう道路を走るとまもなく桜並木で有名なタイダルベイスンが右手に見えてくる。その岸辺沿いにしばらく進むと現れてくるのがフォート・マクネア陸軍基地である。

チェサピーク湾に北から流れ込むポトマック川と北東から流れ込むアナコスティア川が合流する砂州にできた低地に位置する。同基地は、独立間もない1791年に米陸軍の兵器庫として創設され、幾多の歴史を目撃しつつ、現在は米国防大学の本拠地となっている。国家安全保障戦略入門（A National Security Strategy Primer：以下、NSSプライマー）を公開した米国防大学とはどのような教育機関であるのか、そこからスタートしよう。

米国防大学は国防省における最高学府である。米軍人のトップである統合参謀本部議長の指揮監督の下にある。日本の防衛省・自衛隊に

フォート・マクネア陸軍基地（左を流れるのがポトマック川）

例えるならば、防衛研究所と統合幕僚学校を合せたような教育研究機関ということができるであろう。同大学を日本の防衛大学校に相当すると勘違いされる方がいるが、防衛大学校は幹部自衛官を養成する"士官学校"であり、米軍では陸軍士官学校（ウェストポイント）、海軍兵学校（アナポリス）および空軍士官学校（コロラドスプリングス）を合わせたものに相当する。

　国防大学は総合大学で英語名は National Defense University と呼称される。同大学には、情報サイバー大学（College of Information and Cyberspace）、国際安全保障大学（College of International Security Affairs）、アイゼンハワー大学（Dwight D. Eisenhower School for National Security and Resource Strategy）、統合軍参謀大学（Joint Forces Staff College）および国家戦略大学（National War College）の５つの大学と国家戦略問題研究所（The Institute for National Strategic Studies）などで構成されている。

　規模としては、職員数が685人（うち軍人が189人）、年間の学生数が2821人となっている。(1) 第２編で訳出したNSSプライマーは、国家戦略大学において監修されたものである。

国家や軍のリーダーを養成する

　米国防大学は米軍が管理している大学であるがゆえに、一般の大学とはかなり趣を異にしている。まず、学生は一般からは募集していない。軍人、政府機関職員などから選抜されて入学する。軍人の階級でいえば、主に佐官から将官級の軍人とそれに相当する文官である。

　したがって、学生は軍や政府機関での勤務経験を積んだ軍人・政府関係者がほとんどである。彼らの多くは、一般の大学や軍の大学などですでに修士号を取得している。その他の学生としては、外国軍隊から派遣される留学生が含まれる。その数は全体の１〜２割程度にのぼる。この割合は国防大学内の各大学や履修コースによって異なる。

さらに、ユニークな事例としては、米国内外を問わず主として防衛に関係する企業からも一部学生を受け入れている。在学する期間は、教育課程や大学（College）によって異なるが、長いもので1年間であり、それより短期間の課程もある。

　大学が掲げるビジョンは、「分断を深める国際情勢下においていかなる状況においても、優越し、国家戦略や統合作戦を極める、統合に長けた軍人や国家安全保障をけん引するリーダーを養成する」とされている。そして、「教育」が我々のビジネスであり「国家安全保障」が我々のビジネスの焦点であり、「リーダー（養成）」が我々のビジネスの真髄であるとしている。(2)

　このように、米国防大学は国家戦略や米軍の統合教育を目的にした大学であり、その教授陣も国防省の文官・軍人はもとより国務省の大使経験者や政府機関から派遣された教官が多い。さらに、アカデミアからは外交、軍事、戦略、経済、エネルギーなど各分野で活躍する研究者も在籍している。

　職員の多くは、国家安全保障会議で実務を経験したり、国務省や国防省で外交政策や戦略立案に携わったり、統合参謀本部や統合軍司令部で統合作戦計画や実際に作戦を遂行した経験者からなる。

　ちなみに私は、今から20年ほど前になるが、2002年に現在のアイゼンハワー大学に留学した。当時は国防産業大学（Industrial College of Armed Forces）と呼称されていた。第2次世界大戦時の欧州連合軍最高司令官であり、のちの第34代大統領になったドワイト・D・アイゼンハワーが同学の卒業生であるので、2012年9月に彼の名前を冠したアイゼンハワー大学に改称された。

　アイゼンハワー大学は1年間の教育コースで、約300人の学生が入学する。その内訳は、米軍人（沿岸警備隊含む）が55パーセント、政府文官が35パーセントで、残りの10パーセントが留学生や民間企業からの学生である。安全保障や戦略を教える教育機関としては日本にも防衛研究所や各自衛隊の幹部学校などが存在する。しかし、国家の安全保障とともに戦略の基礎となる産業基盤や資源に関する戦略も併せて教

育する機関は、このアイゼンハワー大学をおいてほかに存在しない。

　同盟国などの留学生は、卒業後も留学生管理部がフォローしており、数年に一度、世界各地で留学生の同窓会も兼ねて、国際安全保障シンポジウムを開催している。

　米国防大学は、米軍および政府の将来のリーダーを養成する大学であるとともに、統合参謀本部議長や国防省にとってのシンクタンクでもある。そこで編み出されたものの1つが第2部で紹介するNSSプライマーである。

　NSSプライマーは、ドイツ・プロイセン時代の軍人カール・フォン・クラウゼヴィッツやヘルムート・フォン・モルトケなどの言葉を引用しながら、論述を展開している。さらに、随所に第2次世界大戦での連合国の戦略、大戦後に米国がとった冷戦時の「封じ込め」戦略や冷戦後の「関与」政策、さらには、中国共産党のしたたかな韜光養晦の戦略を例示しながら国家戦略の要諦を説いている。これ
とうこうようかい
は、政治と軍事の関係や国家戦略を長く、広く、そして深く探究してきた米国防大学の教授陣でなければ成しえなかったものであろう。

戦略とは何か？

　NSSプライマーは戦略の理論を展開するものではなく、いかに戦略を編み出すかに焦点を当てた実務書に近いものである。国家戦略や経営戦略を策定する際に、どのような思考過程で考察すればよいのかという視点で書かれている。しかし、戦略とは一体何か、という疑問が最初に脳裏に浮かんでくるのも自然のことであろう。したがって、最初に戦略とは何か、簡潔に解説しておこう。

　戦略論に関しては、洋の東西を通じて、古くはペロポネソス戦争や孫子の兵法、近代に入ってはクラウゼヴィッツの『戦争論』などがある。軍事的な観点からは、戦略は最高位の概念で、その次に作戦、次いで戦術というように体系づけられている。

戦略に関する定義については、200以上もあるといわれている。したがって、戦略とは端的にこうだと大胆に断言することは畏れ多いことである。

　そこで、クラウゼヴィッツ以来の戦略家の1人とされるマーチン・ファン・クレフェルトに登場していただこう。クレフェルトは、イスラエルの軍事学者である。彼によると、戦略（strategy）という言葉は、軍隊、厳密にいえば大群（host）を意味するギリシャ語のstratosという言葉に由来するという。Stratos から strategos（将軍、司令官）などに派生している。

　これは現代の言葉にすると、策略あるいは計略といった意味で使われていた。この語が近代に入って、「戦略」として使用されるようになった。中世においては、欧州において戦略という語はあまり使われなかったとクレフェルトは指摘している。

　近世に入り、戦略という言葉を最初に用いたのはフランスのジョリー・ド・メゼロウィという陸軍の著述家であったとされる。ここで使われた戦略の意味するところは、物理的に衝突する前後も含めて、戦争において行なわれるすべてを意味していた。戦略の役割は戦争が自分に有利な状況で行なわれるようにすること、そして目的が達成されたらそれを利用することにあった。

　クレフェルトは「戦略家は暴力行為の準備をし、利用するが、自身はそれに加わらない。このため戦略という言葉は誕生してまもなく謎めいた雰囲気を漂わせるようになり、それは現在に至るまで変わっていない」と言及している。[3]

　しかし、クレフェルトの言も戦略の一側面、言葉の由来と変遷を解説したものにとどまる。それでは、現代において使用されている戦略とはどのような定義なのであろうか。

　広辞苑によれば、戦略とは「戦術より広範な作戦計画。各種の戦闘を総合し、戦争を全局的に運用する方法。転じて、政治・社会運動などで、主要な敵とそれに対応すべき味方との配置を定めることをいう」とされている。大辞泉では、「（1）戦争に勝つための総合的・長

期的な計略。（2）政治・社会運動などを行う上での長期的な計略。『販売―を立てる』具体的・実際的な『戦術』に対して、より大局的・長期的なものをいう」となる。

　これらの説明では、戦略を戦術と対比して、個別の戦闘をどうするかといった戦術ではなく、戦争を大局的に進める方策を指しているように思われる。しかし、だから何なのか、という疑問も残る。これは、日本が戦略というものを咀嚼して身に着けていないところに起因するように私は感じる。

　米軍では戦略をどのように定義しているのだろうか。米軍の統合教範『軍事用語辞書』（Joint Publication 1-02）によると、次のとおり定義されている。

　　　戦略＝戦域・国家および/または多国籍レベルにおいて、目的を達成するために、整合され、統合された要領で国力の道具を確立し、それを運用する学術である（strategy—The art and science of developing and employing instruments of national power in a synchronized and integrated fashion to achieve theater, national, and/or multinational objectives.）。(4)

　米軍による戦略の定義は、至極具体的である。要は「国力を上手に使って目的を達成する学術」と解釈できる。

　この定義の中で気になる言葉は「国力の道具」とは何か、「（戦略は）学術（アート・アンド・サイエンス）」なのか、といった疑問ではなかろうか。「国力の道具」については後述するが、戦略とは学術なのだというくだりについては、野中郁次郎・一橋大学教授に登場していただこう。野中教授は、戦略論は人間世界を研究対象とする社会科学の一分野であるとして、社会科学と自然科学の重要な差は対象としての人間が意図や価値を持ち、その実現に向かって思索し、予測し、行動し、修正し、環境の影響を受けつつ、環境を変えていく、「つまり単なる受動的存在ではなく、能動的であり、反省的である」(5)と指

摘している。

　戦略とは国家や企業などの組織体が目的を達成するために知恵を働かせ、それを実現していくための考えや具現要領を定めたものといえよう。戦略は学というよりも人間関係に近似した国家関係を探求するようなものである。そのため、純粋なサイエンスの世界のみで説明することには限界がある。サイエンスとアートの両側面を理解しなければ戦略の本質に迫ることはできないということになろう。

国家安全保障戦略とは何か？

　次に、国家安全保障戦略について考えてみよう。国家というあまりにも大きな組織体であるがゆえに、その戦略のイメージを表象しにくいかもしれない。しかし、国家にとって極めて重要な内容であることは間違いない。国家安全保障戦略は日本が国家として生き残り、そして繁栄するためのバイブルであると言ってもよいであろう。

　蛇足になるが、英語で表現するところの安全保障（security）と日本語でイメージする安全保障とは、必ずしも一致していない。英語のセキュリティの方がより広い概念である。英語のセキュリティには、担保、有価証券といった意味も含まれるので、「安全保障」と規定するよりも、より広く「安全」という意味で捉えることが適切であろう。

　前述の米軍統合教範の軍事用語辞書によれば、国家安全保障戦略（National Security Strategy）を次のとおり定義している。

　　　国家の安全保障に資する目的を達成するために、国力の道具（外交、経済、軍事および情報）を策定し、適用し、調整する学術である。（The art and science of developing, applying, and coordinating the instruments of national power（diplomatic, economic, military, and informational）to achieve objectives that contribute to national security.）

国家安全保障戦略の下位の概念には、外交戦略や防衛戦略、さらに国民生活に密接に関係するエネルギーや食糧戦略などという機能別の戦略がある。そうした機能別や国・地域別の戦略のさらに上位にある概念として、すべての戦略を束ねる最高位に位置付けられる国家戦略が国家安全保障戦略である。

おそらく、古代の王朝から中世の封建国家、近代の君主制国家においても、国家戦略の概念に近い自らの生き延びる方策というものを死に物狂いで考えてきたことであろう。しかし、「国家安全保障戦略」という用語が語られ始めたのは、実は近年になってからである。米国や日本において、どのような経緯で政府が「国家安全保障戦略」という文書を策定するようになったかをたどってみよう。

米国の「国家安全保障戦略」策定の経緯

米国政府において、初めて国家安全保障戦略を策定したのは、ロナルド・レーガン大統領の時代であった。そのトリガーとなったのは、1986年に成立したゴールドウォーター・ニコルズ国防省改革法である。同法は、行政府に対して国家安全保障戦略に関する報告を義務付けた。(6)

同法は1947年に国防省が創設されて以来、初めての大規模な国防省改革法であった。主要なポイントは、統合参謀本部議長の権限を強化し、インド太平洋軍などの統合軍指揮官に対する指揮命令系統を大統領から国防長官のラインに統一し、軍事に対する政治の優先を明確にしたものであった。さらに、軍人に対する昇進制度において統合職域に就くことを義務付けたりした。この国防省改革法に国家安全保障戦略の報告も義務付けられている。

同法の規定（SEC. 104. (a)(1)）により、大統領は、国家安全保障戦略に次のような記述と論点項目を含めなければならないとされている。

（1）米国の国家安全保障にとり死活的な世界レベルでの国益、目標および目的（The worldwide interests, goals, and objectives of the United States that are vital to the national security of the United States.）

（2）米国の国家安全保障戦略を履行するため、そして侵略を抑止するために必要とされる米国の外交政策、世界レベルでのコミットメントおよび国防力（The foreign policy, worldwide commitments, and national defense capabilities of the United States necessary to deter aggression and to implement the national security strategy of the United States.）

（3）（1）項の目標や目的を達成するとともに国益を擁護・増進するための政治・経済・軍事・その他の国力の要素の短期的・長期的な活用要領（The proposed short-term and long-term uses of the political, economic, military, and other elements of the national power of the United States to protect or promote the interests and achieve the goals and objectives referred to in paragraph (1).）

（4）国家安全保障戦略の履行を支えるために米国のあらゆる国力のバランス評価を含む米国の国家安全保障戦略を実行する能力の妥当性（The adequacy of the capabilities of the United States to carry out the national security strategy of the United States, including an evaluation of the balance among the capabilities of all elements of the national power of the United States to support the implementation of the national security strategy.）

（5）米国の国家安全保障戦略に関連する情報で議会に提出することが必要とされるもの（Such other information as may be necessary to help inform Congress on matters relating to the national security strategy of the United States.）(7)

　このように、ゴールドウォーター・ニコルズ国防省改革法は、議会に対する国家安全保障戦略の報告内容についても子細に行政府に求めた。

　米国は、1987年以来2022年までに合計18回、国家安全保障戦略を公表してきた。レーガン政権時に2回（1987、88年）、ブッシュ（父）政

権時に3回（1990、91、93年）、クリントン政権時に7回（1994、95、96、97、98、99、2000年）、ブッシュ（子）政権時に2回（2002、06年）、オバマ政権時に2回（2010、15年）、トランプ政権時に1回（2017年）、バイデン政権時に1回（2022年）となる。(8)

　2000年まではほぼ毎年報告されていたが、ブッシュ（子）政権以降、概ね大統領就任時と2期目に報告する頻度になっている。クリントン政権時の1994年の国家安全保障戦略には「関与と拡大（Engagement and Enlargement）」という副題が付けられている。この副題には、冷戦時代の「封じ込め（Containment）」の発想から「関与（Engagement）」政策に改めたクリントン大統領の強い意思が込められたものだと想像できる。

　そして、クリントン政権最後の報告では「グローバル時代の国家安全保障戦略」と題しており、当時のグローバリゼーションの時代を米国が主導し、それを謳歌しているようにも映る。

　米歴代政権においては、国家安全保障戦略が公表されると次に国家防衛戦略（National Defense Strategy）が国防長官名で発表され、それを受ける形で統合参謀本部議長が国家軍事戦略（National Military Strategy）を発表することが通例である。

中国を名指しで非難したトランプ政権の「国家安全保障戦略」

　2017年12月、トランプ政権下で公表された米国の国家安全保障戦略（以下、2017NSS）は、当時多くの識者を驚かせた。2017NSSは歴代の政権が策定してきた国家安全保障戦略とは、中国に対する扱いが大きく異なっていたからである。トランプ政権前の歴代政権では中国を名指ししてNSSの中で非難することはなかった。

　2017NSSでは、中国をロシアとともに修正主義勢力であると位置付け、「これまで数十年にわたり、米国が中国に関与し続けることによ

り中国が自由で民主主義的な体制に変わりうるという考えは誤りであった」と明確に宣言したのである。

2017NSSは、4つの柱で構成されている。
① 米国民・国土・生活様式の擁護：国境管理やテロ、生物化学兵器、パンデミック、サイバーなどから米国民を守ることを謳った。
② 米国の繁栄の促進：国内経済の活性化、自由で公正な経済関係構築、研究・技術面での革新、国家安全保障に関するイノベーション・ベースの擁護と促進を掲げた。
③ 力による平和の維持：米国の競争力の一新、特に軍事と外交を謳った。
④ 米国の影響力の促進：同盟国やパートナーとの協力、多国間フォーラムの活用を挙げた。

こうしてみると、やはりアメリカ・ファーストの意志が強く表れていた国家安全保障戦略であったといえる。

脅威認識としては、最初に中国、ロシアを次のように名指ししていた。

「中国とロシアは、米国の国力・影響力・国益に挑戦し、米国の安全保障と繁栄を台なしにしようと企んでいる。両国は、世界経済をより一層非自由で非公正なものにすることにより、自国の軍事力を増強し、情報やデータをコントロールすることにより自国の社会を抑圧し、影響力を拡張させようとしている」と以前にはない率直かつ強い表現で、中露を取り上げた。

さらに「中露といったライバル国へのエンゲージメント（関与）とともに国際機関やグローバルな通商に参加させることにより、両国が善意のアクターとなり、また信頼に足るパートナーになるという仮定に基づく政策を過去20年ほど米国は採ってきたが、現状の競合を見るに、米国はこの政策を再考する必要がある。ほとんどの場合、この仮定は間違いであったのは明らかである」と中露に対する警戒感をあらわにした。

次に、北朝鮮、イランをならず者国家として挙げて、「北朝鮮とイランの独裁国家は、決然と地域を混乱に陥れ、米国とその同盟国を威嚇し、自国民を残忍に扱っている」と表現した。

　第3の柱「力による平和の維持」における中国の記述は「数十年にもわたって、米国の対中政策は、中国が興隆することと戦後世界秩序への仲間入りへの米国の援助が中国を自由主義化するという信念に基づいてきた。しかし我々の意に反して、中国は、他国の主権を代償にして、国力を伸張させてきた。中国は、他を圧倒する勢いと規模でデータを収集し活用してきたし、腐敗や監視とともに独裁主義的な体制を膨張させてきた。中国は、米国に次いで、世界において最も強力で資金を潤沢に充当された軍事力を構築している。中国の核戦力は、増大し、多様化している。中国の軍事力の近代化と経済成長の一端は、米国の世界水準の大学を含む米国の革新的な経済へアクセスできることに依っている」と続く。

　これらの記述の特徴は、オバマ政権はじめ従来の米政権が採ってきた「関与政策」が破綻したことを認め、第3の柱にある「力による平和の維持」を優先させるところにあった。実際、トランプ大統領は米軍を強化し、2015会計年度まで漸減傾向であった国防予算を2018年、19年には伸び率で10パーセント程度を達成した。

ロシアのウクライナ侵攻で公表が遅れた バイデン政権の「国家安全保障戦略」

2021年3月の暫定指針

　2021年1月に発足したバイデン政権では、同年3月に「暫定的な国家安全保障戦略の指針」を発表した。その内容を見ると、トランプ政権以前の関与政策に戻るものではないことが明らかである。中国を経済や技術などあらゆる面で「唯一の競争相手」と表現している。そして、米軍の態勢については、インド太平洋、次いで欧州を重視するこ

とを明確にした。

　2017NSSとの相違点は、中国との戦略的競争は、気候変動問題など国益にかなう場合の協力を妨げるものではないとしている点である。加えて、トランプ政権時において国連やNATOなどの国際機関での米国の関与が低下した反省から、米国の国際機関での指導的地位を早急に取り戻すとしている。(9)

　政権発足から1年が経過して、2022年1月には、ワシントンの安全保障関係者の間では、バイデン政権下での国家安全保障戦略は概成しており、大統領の裁可を待っているとのもっぱらの噂であった。ところが、2022年2月下旬、ロシアがウクライナに軍事侵略したことから、国家安全保障戦略の公表を一旦延期し、ある程度情勢を見極めたうえで、同年10月12日に公表された。(10) 日本の国家安全保障戦略が閣議決定される2か月前であった。

　米国の2022年国家安全保障戦略（2022NSS）では、大きく4部構成になっている。内容的には、「暫定指針」で発表された内容と軌を一にしている。

　第1部は、「次に来るべき競争」と題して、2つの試練、すなわち中露との大国間競争であり、国境を越えたグローバルな課題（気候変動、インフレなど）に直面していると主張している。

　第2部は、「米国への強みへの投資」として、経済・外交・軍事ごとに重点を示している。産業部門におけるイノベーションを創造し、人材への投資を重視すること。外交力を駆使して、自由で開かれ、繁栄し、安全な世界を推進し強力な仲間づくりを目指すとしている。さらに、軍事については、中国への抑止力を強化することを最優先させ、必要な場合には、武力の行使をためらわないことを明記している。今後、同盟国や同志国と連携して統合抑止を推進していくことを強調している。

　第3部は、「米国のグローバルな優先課題」として、中国とロシアを冒頭に挙げて、両国が連携を深めているとして、いまだ危険なロシアを牽制する一方で、中国に対する永続的な競争力の維持を優先する

としている。特に、中国は米国にとって、「国際秩序を再構築しよう とする意図とともに、それを実現する経済・外交・軍事・技術力をあ わせ持つ唯一の競争相手」と位置付けている。

　第4部は、「地域別の戦略」が描かれている。その記述順序は、自 由で開かれたインド太平洋、次に欧州との連携強化、西半球（南北ア メリカ大陸）の民主主義、続いて中東、アフリカ、北極、海洋・大 気・宇宙となっている。インド太平洋の中で、日本についても「尖閣 諸島含む日本の防衛に対する揺るぎないコミットメントを再確認す る」としている。

戦後68年にして初めて策定された 日本の「国家安全保障戦略」

　それでは、日本では国家安全保障戦略に関して、どのような経緯を たどったのであろうか。

　2013年まで日本には「国家安全保障戦略」という政府の文書は存在 しなかった。戦後68年間、日本は自国の国益を定義することすらして こなかった。政治学者の北岡伸一・東京大学名誉教授は、日本の組織 に内在する問題の1つとして、国益など大きな目標を議論せず、部分 的な利益の議論に終始する点を指摘している。

　　北岡氏にはこんな記憶がある。1999年に小渕恵三首相が設けた 「21世紀日本の構想」懇談会でのことだ。外交・安全保障の分科会 で「国益」という言葉を使うかどうか問題になった。国民の間にア レルギーがあるのではないかと懸念する声が専門家の中にすらあっ た。

　　戦前に国益という言葉が乱用され、国民を苦しめたのは確かだ が、北岡氏は「その言葉が使われなくなって国家国民の利益が検討 されなくなった」と話す。東西冷戦の終結から米中対立に至る国際

情勢の変化で日本の位置をどう見定めるかが問われている。(11)

　このように、戦後の日本は、肝心な国益を規定せずに国家を運営してきた。東西冷戦の狭間にあっても、日米安保体制による強大な米国の庇護の下で経済繁栄を謳歌できた時代であった。私が現役自衛官の頃、教育において防衛戦略を策定する際には、まず「日本の国益は何か」を規定して検討を始めていた。しかしながら、当時は政府が明記した国益がなかったので、自らそれを仮置きして（これは後述する「仮定」という概念である）、仮置きした国益を守り、増進するために具体的に達成すべき方策を検討していた。実に、不思議な国であった。そこに転機が訪れたのが、民主党から自民党に政権交代して1年後の2013年であった。

　第2次安倍晋三内閣が発足して約1年後の2013年12月17日、安全保障会議および閣議決定を経て正式に日本政府としての「国家安全保障戦略」が戦後初めて制定された。この閣議決定の本文には次のように記されている。

　「国家安全保障戦略について別紙のとおり定める。本決定は、『国防の基本方針について』（昭和32〔1957〕年5月20日国防会議および閣議決定）に代わるものとする」(12)

　驚くべきことに、国家安全保障戦略に代わる以前の「国防の基本方針」は、2013年まで56年間も生き永らえた。日本という国は、1989年に冷戦が終結して国際安全保障環境が激変しても、2001年に米国同時多発テロ事件が発生して対テロ戦争の時代になっても、一度もこの基本方針が改定されることはなかった。私は、国防の基本方針に代わり、国家安全保障戦略が策定されて、これでようやく政府が規定する国益に基づいて防衛戦略が構想できると考えたものであった。

安倍政権の「国家安全保障戦略」

　2013年の国家安全保障戦略の構成は次のようなものである。Ａ４版で32頁におよぶ文書である。大項目は以下のとおり。

　　Ⅰ　策定の趣旨
　　Ⅱ　国家安全保障の基本理念（理念、国益、国家安全保障の目標）
　　Ⅲ　我が国を取り巻く安全保障環境と国家安全保障上の課題
　　Ⅳ　我が国がとるべき国家安全保障上の戦略的アプローチ

　Ⅳの戦略的アプローチは次のような項目で詳細に記載されている。
　最初が我が国の能力・役割の強化・拡大（外交、防衛、領域保全等）、第２に日米同盟の強化、第３にパートナー国等との外交・安全保障協力の強化、第４に国際的努力への積極的寄与、第５にグローバルな課題解決のための協力の強化、そして、最後に国家安全保障を支える国内基盤の強化と内外における理解促進、を掲げている。
　内容的には、外交、防衛を中心にしてかなり幅広く国家安全保障上の課題に取り組む姿勢を鮮明にしたものである。ただし、策定の趣旨に「外交力、防衛力等が全体としてその機能を円滑かつ十全に発揮できるように」するとされているように、外交、防衛中心の国家安全保障戦略であると言える。米国の国家安全保障戦略が外交、軍事、情報、経済、技術など国の主要な機能を整合する国家最高位の戦略であるのに対して、日本の国家安全保障戦略は外交、防衛を主対象としたものである。さらに、近年クローズアップされてきた経済安全保障や技術安全保障、さらには中露による軍民融合への取組への対応などについてはカバーしきれていない。こうした意味においても同戦略の改定が急がれていた。
　2013年の国家安全保障戦略で初めて政府として定めた国益とはどのようなものか、見てみよう。

我が国の国益とは、まず、我が国自身の主権・独立を維持し、領域を保全し、我が国国民の生命・身体・財産の安全を確保することであり、豊かな文化と伝統を継承しつつ、自由と民主主義を基調とする我が国の平和と安全を維持し、その存立を全うすることである。

　また、経済発展を通じて我が国と我が国国民の更なる繁栄を実現し、我が国の平和と安全をより強固なものとすることである。そのためには、海洋国家として、特にアジア太平洋地域において、自由な交易と競争を通じて経済発展を実現する自由貿易体制を強化し、安定性および透明性が高く、見通しがつきやすい国際環境を実現していくことが不可欠である。

　さらに、自由、民主主義、基本的人権の尊重、法の支配といった普遍的価値やルールに基づく国際秩序を維持・擁護することも、同様に我が国にとっての国益である。[13]

　これが国益に関する記述箇所である。次のように要約できよう。
① 日本の主権・独立を維持、領域を保全し、国民の安全を確保。豊かな文化と伝統を継承しつつ、自由と民主主義を基調とする日本の平和と安全を維持し、存立を全うすること。
② さらなる繁栄を実現、日本の平和と安全をより強固にすること。そのため、自由貿易体制を強化し、安定性および透明性が高く、見通しがつきやすい国際環境を実現すること。
③ 自由、民主主義、基本的人権の尊重、法の支配といった普遍的価値やルールに基づく国際秩序を維持構築すること。

　戦後日本において初めて規定された国益を読んでみると、ごく自然に納得できるのではなかろうか。第2部のNSSプライマーにおいて、国益とは国家が永続的に目指すべき道標のようなものと解説しているように、国益は極端に変わるものではない。ただし、我が国周辺の安全保障環境の一層の悪化やロシアによるウクライナ侵略を踏まえると、①の

「日本の主権・独立を維持、領域を保全する」という国益が国家の存立にとって最も重要であることを再確認することは重要である。

次に、②で追求している「自由貿易体制の強化により見通しがつきやすい国際環境を実現する」という国益の目標についてはかなり状況が変化しているともいえる。大国間競争の激化や新型コロナウイルスのようなパンデミックなどの出現、さらにはロシアによる一方的なウクライナ侵略により、供給網が目詰まりを起こしたり、経済制裁が行なわれたりしている状況の中で、いかにして自由貿易体制を堅持していくかが問われている。加えて供給網が寸断されても、ある程度自給・自立できる強靭なエネルギー・食糧・経済産業基盤の確立が一層重要になっている。

岸田政権の「国家安全保障戦略」

2022年12月16日、岸田政権は、国家安全保障戦略のみならず、国家防衛戦略および防衛力整備計画（以下、戦略3文書）も併せて閣議決定した。米国においては、前述のとおり国家安全保障戦略のみならず、国家防衛戦略および国家軍事戦略を大統領就任後に発表するのが慣例になっている。日本においても、国家防衛戦略と防衛力整備計画が策定されたことは大いに歓迎すべきことである。次なる課題は、米統合参謀本部が策定している国家軍事戦略に相当する統合戦略を統合幕僚監部が策定することである。

さて、今次の国家安全保障戦略はじめ戦略3文書は、我が国の安全保障・防衛政策の歴史の中でも画期的なものと言える。その理由は、次のようなものである。

総合的な国力の最大限活用

第1に、国家安全保障戦略を「国家安全保障の最上位の政策文書」

と位置付け、「外交力・防衛力・経済力・技術力・情報力を含む、総合的な国力を最大限に活用し、国益を守る」としている点である。これは、第2部 NSSプライマーの「国力の道具」として挙げている外交・情報・軍事および経済（いわゆるDIME）の発想と軌を一にしている。日本の特性を踏まえて、DIMEに加えて、技術という要素も考慮している点にも特色がある。

　次に、防衛力の抜本的強化に加えて「外交力・経済力を含む総合的な国力を活用し、我が国の防衛に当たる」として、研究開発、公共インフラ整備、サイバー安全保障、抑止力の向上等のための国際協力の4つの分野にも注力する旨強調されている。さらに、国のみならず、地方公共団体を含む政府内外の組織との連携を進めるとしている点も注目される。

　総合的な国力の最大限活用の視点で防衛を捉えると「常設統合司令部の設置」もその流れをくむものである。国家防衛戦略において、常設統合司令部の設置が明記され、東日本大震災などの教訓を踏まえて設置が望まれていた陸海空自衛隊の一元的な指揮を行ない得る同司令部が創設されることとなった。これは、統合運用を一層深化させるとともに、日米共同作戦をさらに緊密にさせるであろう。

戦後防衛政策の転換

　第2は、戦略3文書が1970年代後半に確立された防衛政策を大きく転換している点である。特に、国家防衛戦略において、強力な軍事能力を持つ主体が他国に脅威を及ぼす意思をいつ持つに至るかを正確に予測することは困難であることを前提にして、"平和時に保持すべき防衛力"という考え方から、"相手の能力に着目した防衛力"を目指すという考え方に転換している。これは、基盤的防衛力構想からの完全な脱却を意味する。

　さらに、冷戦時のデタント期に防衛費を抑制する観点で設けられた"防衛費の1パーセント枠"からも完全に脱却し、現実の厳しい安全

保障環境を直視し、相手の能力に着目して防衛力を構築する考え方を採った。このように相手の脅威に着目した考え方を採ることにより、防衛費を5年以内にGDP2パーセントに増額することが決定された。

　反撃能力の保有についても、1956年2月29日の政府見解「他に手段がないと認められる限り、誘導弾等の基地をたたくことは、法理的には自衛の範囲に含まれ、可能である」ことを引用して、今後は、政策判断として反撃能力を保有することとした。この反撃能力は、憲法および国際法の範囲内で、専守防衛の考え方を変更するものではなく、武力の行使の3要件を満たして初めて行使されること、武力攻撃が発生していない段階で自ら先に攻撃する先制攻撃は許されないとしている。

次なる課題

　それでは、戦略3文書にはいかなる課題が待ち構えているのであろうか。

　前項において戦後防衛政策の大転換であると指摘したが、他方で、専守防衛や非核3原則については、触れられていない。専守防衛や非核3原則については、現実のわが国の置かれた戦略環境を直視して、我が国の防衛を全うするには、今後、これらの基本政策が手つかずのままでよいのか、議論を始める時期が到来している。

　次に、今次の戦略3文書は、意欲的に政策を転換しようとする意思が明確に現れている。そのためには、この3文書を実行に移すことが何よりも重要である。実行に移すためには、法的基盤や予算的基盤を整えて初めて実現されるものである。

　たとえば、能動的サイバー防御に関する国家安全保障戦略の記述箇所を挙げてみよう。ここでは、「重大なサイバー攻撃について、可能な限り未然に攻撃者のサーバ等への侵入・無害化ができるよう、政府に対し必要な権限が付与できるようにする」とされている。これを実現するためには、日本国憲法第21条第2項「通信の秘密は、これを侵

してはならない」の解釈や関係法令の整備が急務である。このように国家安全保障戦略は強い意思を表明している画期的な戦略であるが、今後はその戦略をいかにして実行に移していくかが大きな課題といえよう。

なぜ「国家安全保障戦略」が必要か？

　日本において国家戦略が存在しなかった理由は何か。先に北岡伸一氏の国益議論を回避する傾向がある点を指摘した。2013年の国家安全保障戦略の策定に深く関わった元国家安全保障局次長の兼原信克氏は、その原因を4点ほど挙げている。

　第1に、日米同盟が与えた分厚い庇護膜が国家理性をまどろわせたこと、第2に、終戦後、しばらく続いた米国および近隣アジア諸国の対日警戒心、第3に、日本の平和主義の特色の1つである、強い孤立主義、そして最後に、戦前・戦中の軍国主義への自己陶酔に対する反省である。

　兼原氏は、国家戦略と聞いただけで、戦前の自己（軍国）に回帰するのではないかという恐怖感が出てくるとして、「国家戦略への反発というよりも国家や軍隊そのものに対する激しい感情的な反発が出る」点が最大の原因ではないかと指摘する。(14)

　それでも、日本は何とか経済成長を遂げ、成熟した民主主義国家となった。国家安全保障戦略などがなくても済むのではないか、あるいは、日米同盟を基軸とする日本の外交防衛戦略で十分ではないかと考える読者もいるかもしれない。しかし、私は必須のものと考える。なぜなら日本の国益を明確に定め、その国益を具現するための方策を明らかにすることにより、主体性をもって国家運営できるからである。

　日本の政策決定は、米国や主要国がいかに振る舞うかを見て、それに追随する傾向が強い。いわゆるリアクティブなのである。ロシアによるウクライナ侵攻にともない、日本政府は多くの経済制裁をロシア

に科してきている。その冒頭に「G7と連携して」という言葉が冠される。国家戦略に関わる重要な意思決定であるので、G7と連携することはもちろん大事であるが、その前に我が国の国益に照らして、その経済制裁がいかなる意義を持ち、日本の国益にどのような影響をもたらすのか、明らかにすべきではないか。

　守るべき国益に対するコストとリスクを天秤にかけて、情緒的な考えを捨てて、冷静かつ実利的に行動方針を確立するようにすべきである。

　岡崎久彦氏（1930～2014年）は、冷戦最中の1983年に『戦略的思考とは何か』という著書を世に問うた。当時、私は防衛大学校を卒業して自衛官の道を歩み始めた頃であった。戦略という言葉が日本においては、いまだ奇異に感じられ、兼原氏の言葉を借りれば「警戒心や感情的反発をもって迎えられていた」時代であった。岡崎氏は、自著を次の言葉で締めくくっている。

　　戦略論の教養と軍事的常識というものは、今後、単に、国民の納得する防衛体制をつくり上げるために必要なだけでなく、その大前提たるべき国家戦略をつくるためにも、また、国際政治のあらゆる場面において日本の発言に説得力をつけるためにも必要である。
　　要は、国際関係というものは、異なる国家のあいだの異なる国益をいかに調整するかということであり、主権国家というものが存在するかぎり、これを調整するものは国家間の力の関係であり、そして、国家が有する政治、経済、文化のすべてを含む種々の力の中で、古来何人も否定しえない最も基本的なものは、畢竟 軍事力であって、この軍事力のバランスについての正確な認識のない国際関係論は、どこか一本抜けたものにならざるをえない、という常識的かつ、疑う余地のない認識を持つことである。(15)

　1980年代初頭の日本では、国際化の流れを反映して大学教育において国際関係の冠がつけられた学科が出現し始めた時期であった。しか

し、一般の大学において、軍事に関する戦略教育などは論外の時代であった。そうした風潮にあって、岡崎氏はあえて「軍事が欠落した戦略」をいくら論じても無意味だということを主張されていたように思う。

岡崎氏が『戦略的思考とは何か』を上梓してから40年余りの歳月を経て、2度にわたる日本の国家安全保障戦略が策定され、本格的な戦略議論が始まった。

とかく日本国内では、敵基地攻撃能力の是非や防衛費の増額などが大きな論点になっている。しかしながら、国家安全保障戦略という観点からすると、それらはむしろ1つ下のレベル、すなわち国家防衛戦略に関する論点である。国家安全保障戦略というレベルでは、グローバルなトレンドや日本周辺の情勢が今後どのように推移するのか、それにともない日本の国益をどのように規定し、それら国益を擁護・増進するためにいかなる具体的な戦略を構築するか、が問われているように思えてならない。

「NSSプライマー」を読む前に

NSSプライマーに入る前に、そこで頻繁に用いられる用語や思考過程についてあらかじめ説明しておきたい。「戦略ロジック」の構成項目と思考過程、戦略における「仮定」というものの考え方、そして、目的達成のための「手段」の考え方についてである。

「戦略ロジック」とは何か？

NSSプライマーには「戦略ロジック」という用語が計25回出てくる。戦略ロジックとは、戦略を策定する際の思考過程と考えてよい。このロジックを展開することにより戦略が策定されることになる。

戦略的な愚かさを回避する最善の方策は、戦略ロジックに熟達した

経験豊富な専門家やリーダーたちを国家が養成しておくことであり、彼らが実践の場において厳格に戦略ロジックを適用することであると、NSSプライマーは締めくくっている。

「戦略ロジック」は次の5つの基本要素からなる。

① 状況（Situation）の分析

国内外情勢、仮定、脅威、機会、国益、政治目的など。

② 望ましい目的（Ends）の確立

望ましい目的には、政治目的とそれを具現する具体的目的を確立する必要がある。

③ 目的達成のための手段（Means）の選定

手段としては、国力の構成要素（人的・物的資源、文化など）と国力を活用する道具としての外交・情報・軍事・経済をいかにして機関やアクターが行使して戦略を実行するかを選定するものである。

④ 手段の使い方・方法（Ways）の決定

方法には、消極的な方法から武力を用いての根絶まで各種の方法がある。

⑤ コストとリスク（Cost/Risk）の評価

最後に、コストとリスクを厳密に分析し、最終的に方針を決定していくものである。

NSSプライマーのエッセンスは、実にこの5つのプロセスに尽きると言ってよいであろう。

状況を的確に分析すること。これは、孫子の「敵を知り、己を知れば、百戦して殆うからず」に通じるところがある。次に、目的を明確に確立することである。それができれば、目的達成のための手段と最適の方法を選定することである。この際、あらゆる国力を活用してシナジー効果を発揮することが求められる。最後に、コストとリスクを客観的かつ冷厳に評価することである。

これは、国家にとって戦略を遂行することによって得られる利益よ

りもコストが上回るようであれば、その案は却下されねばならないことを意味している。ウクライナ戦争の状況を見るに、プーチン氏が短期間で獲得できるであろうと期待していた利益よりも、現状（侵攻から1年半が経過した時点）では、コストの方がはるかに上回っているという現実をプーチン氏は直視しなければならない。特別軍事作戦を中止するか、目的を変更する必要があるということである。

「たった5項目なのか」と思われる読者もいるかもしれない。しかしながら、世界の中で政治と軍事が連携して多くの戦略を策定し軍事作戦を実行してきた国は、米国をおいてほかにない。彼らは、数多くの失敗や数えきれない勝利を味わいながらも、冷静に聞く耳を持ち国家戦略と軍事の関係を過去の経験から学び、それら教訓を蓄積してきた。

既述のとおり米国防大学は米軍の最高学府であり、シンクタンクでもある。ここで多くの軍人、国家安全保障会議で勤務した職員らが英知を結集してまとめたNSSプライマーには、多くの知恵やエッセンスがちりばめられている。その本流をなすものがこの「戦略ロジック」である。

国家戦略を策定し、実行していく際には、この5つの要素を踏まえて考察していくのが王道であるということをまず理解することが重要である。第2部を読み進めていけば次第に全体像が明らかとなるように構成されている。

戦略で用いられる「仮定」とは何か？

NSSプライマーには、仮定（Assumption）と訳される用語が33回も登場する。自衛隊の専門用語に当てはめれば「設想」と呼ばれるものである。仮定という言葉自体は一般に使用されている語彙であるとしても、戦略を考察するうえでの「仮定」とはどのように理解すればよいのであろうか。

戦略を策定する際や、作戦の見積りを立てる時には、考慮すべき事

項がすべて既知のものであれば、戦略の策定も作戦遂行も極めて容易になる。しかしながら、そのような理想的なことは起こり得ないのが現実である。

たとえば、攻めてくる敵の勢力の詳細は現代の発達した情報収集手段を駆使してもなかなか解明し難いものである。また、相手の国家指導者や指揮官の意図を読むのも実は難しい。現に、ウクライナに侵攻を命じたプーチン大統領の企図を前もって断言した西側の識者は何人いたであろうか。

すべての考慮すべき要因が解明されるまで待っていては、時機を逸してしまう。したがって、相手がどのように侵攻してくるのかを、ある程度予測して、その戦略や対応計画を作らねばならない。そうした場面においては、敵の侵攻兵力や主たる侵攻方向を仮置きして作戦を立てることが求められる。この仮置きしたものがNSSプライマーでいうところの「仮定」である。

仮に仮定が変わったり、仮定としていたことの実態が判明したりすれば、それに基づいて計画も新たな状況に適合させて、見直さなければならない。得てして、この重要な本質を幕僚は忘却してしまいがちになる。それは、改めて振り出しに戻って計画を策定することがいかに大変であるかをわかっているからでもある。どうしても、最初に作成した計画に執着する傾向が出てしまう。NSSプライマーにおいても、ドイツの戦略家ヘルムート・フォン・モルトケが作戦計画について「敵と最初に接触することによって、（当初の）計画は消滅してしまう」と喝破している点を挙げている。

この「仮定」という言葉の意味をおさえて、読み進めていただきたい。

目的達成のための「手段」を選定する

国力などを活用していかに戦略を具現するかという視点から見ると、戦略ロジックの「③目的達成のための手段の選定」の「手段」の

選定が重要となる。そのポイントについて、あらかじめ説明しておこう。米軍統合教範の辞書でも、国家安全保障戦略について、国家目的を達成するために国力の道具（外交、経済、軍事および情報）を策定し、適用し、調整する学術としている。

　NSSプライマーの中では、目的達成の手段を考察するためには、3つの構成項目をもって達成する必要があることを指摘している。下図にあるとおり、国力の要素とは、まさに国力の底力といえる資源や経済、産業、技術、インフラ、文化などの要素のことを指す。これら基盤の上に道具としての外交、情報、軍事および経済を、政府やその他の機関/アクターが用いて、目的達成のために力を行使するということである。

　この相互関係については、第2部第4章「手段の選択」の中で詳述されている。

　米軍の会議などにおいては、よく「エンズ（Ends）、ウェイズ（Ways）、ミーンズ（Means）はこうだ」と言って説明することが多

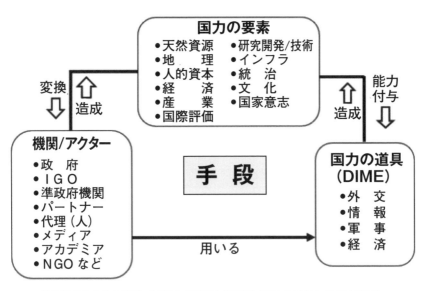

目的達成のための手段（「国力の要素」「機関」「国力の道具」の相互関係）

い。目的と手段、方法を確立することが何よりも重要であることをNSS
プライマーは物語っている。

　それでは、実際にNSSプライマーを読み進めることにしよう。

（１）　"NDU AY2019-2020 Annual Report,"https://www.ndu.edu/Portals/59/Documents/
　　　　Annual%20Reports/AY19-20%20Annual%20Report%20Ex%20Sum%20Model.pdf?ver=
　　　　96XLwOsh69noJr12g2KDDg%3d%3d（2023年6月27日アクセス）
（２）　米国防大学ウェブサイト https://www.ndu.edu/About/Vision-Mission/（2022年4月4日
　　　　アクセス）
（３）　クレフェルト、マーチン・ファン、石津朋之監訳『戦争の変遷』（原書房、2011年）
　　　　166～167頁。
（４）　https://www.cia.gov/library/abbottabad- compound/B9/B9875E9C2553D81D1D6E0523563F
　　　　8D72_DoD_Dictionary_of_Military_Terms.pdf（2023年6月27日アクセス）ここでは2004年
　　　　6月9日改訂版を引用。
（５）　野中郁次郎他『戦略の本質：戦史に学ぶ逆転のリーダーシップ』（日本経済新聞社、
　　　　2005年）333,334頁。
（６）　ゴールドウォーター・ニコルズ法第603項"annual report on national security strategy,"
　　　　https://history.defense.gov/Portals/70/Documents/dod_reforms/Goldwater-Nichols
　　　　DoDReordAct1986.pdf（2023年6月27日アクセス）
（７）　同上SEC. 104. (a)(1).
（８）　https://history.defense.gov/Historical-Sources/National-Security-Strategy/（2023年6月27
　　　　日アクセス）
（９）　"Interim National Security Strategic Guidance,"　President Joseph R. Biden Jr., March
　　　　2021. https://www.whitehouse.gov/wp-content/uploads/2021/03/NSC-1v2.pdf（2023年6月
　　　　27日アクセス）
（10）　"National Security Strategy,"October 2022, The White House. https://www.whitehouse.
　　　　gov/wp-content/uploads/2022/11/8-November-Combined-PDF- for-Upload.pdf（2023年6月
　　　　27日アクセス）
（11）　2022年1月9日 日本経済新聞「成熟国家154年目の岐路　大目標掲げ人材の登用を」論説
　　　　主幹 原田亮介
（12）　官邸ホームページ。https://www.cas.go.jp/jp/siryou/131217anzenhoshou/nss-j.pdf（2023
　　　　年6月27日アクセス）
（13）　同上
（14）　兼原信克『戦略外交原論』（日本経済新聞社、2011年）41～46頁。
（15）　岡崎久彦『戦略的思考とは何か』（中公新書、1983年）278～279頁。

第2部 翻訳編

国家安全保障
戦略入門

A NATIONAL
SECURITY STRATEGY
PRIMER

EDITED BY
STEVEN HEFFINGTON, ADAM OLER, AND DAVID TRETLER

謝　辞

　本書『国家安全保障入門（A National Security Strategy Primer）』（以下、NSSプライマー）の著作は、マーク "クロッド" クロッドフェルター博士（Dr. Mark "Clod" Clodfelter）、リッチ・アンドレス博士（Dr. Rich Andres）、パイパー・キャンベル大使（Ambassador Piper Campbell）、テレサ・サボニ-ヘルフ博士（Dr. Theresa Sabonis-Help）、ケリー・ワード博士（Dr. Kelly Ward）、ジョシュア・ウィルソン海軍大佐（Captain Joshua Wilson, USN）、シンシア・ワトソン博士（Dr. Cynthia Watson）の多大な貢献なくして、成し得なかったものです。

　この方々の多彩な経験、専門知識そして視点は、NSSプライマーの編纂に不可欠でありました。まさに、それを実現したのは彼らの献身であり、学識であり、同僚愛であり、そしてリーダーシップでありました。

　ほかにも多くの国家戦略大学（NWC：National War College）の教員や数えきれないNWCの学生もこの取り組みに貢献してくれました。過去３年間にわたり、NSSプライマーに関して、その中核となる重要な概念について思慮深い意見と批評をいただきました。

　私たち編集者は、2015年から19年までNWCの米空軍代表を務めたエリック "モー" モリッツ米空軍退役大佐（Colonel Eric "Mo" Moritz, USAF (Ret.), NWC Air Force Chair）に感謝の意を表したいと思います。必要な時間とリソースを確保することに加えて、国家安全保障戦略を教えるため、モリッツの冷静で非常に実践的なアプローチは、学生と実務家の双方にとってNSSプライマーの有用性を確実にするために役立ちました。さらに、このプロジェクトを通して、彼の個人的な励ましは非常に貴重なものでした。

　また、故ジョン・コリンズ大佐（Colonel John Collins）にも個人的な

感謝の意を表します。このプロジェクトの範囲と焦点が明らかになる
と、ジョンは自宅に私たちを招き、コーチング、指導、時には批評の
絶妙な組み合わせにより私たちを導いてくれました。彼の経験と英知
から発する言葉は、このプロジェクトを正しい方向に導き、それを維
持するために必要な自信を与えてくれました。彼の指導なしには、私
たちは決してうまく軌道に乗ることはなかったでしょう。

　加えて、NSSプライマーの編集と出版を担当してくれた米国防大学
出版部（NDU Press）と、本書のデザインを担当してくれた政府出版局
のクリエイティブサービス部門のジェイミー・ハーヴィ氏（Jamie Har-
vey）にも感謝します。

　何よりも、私たちは配偶者による献身的な支援に感謝したいと思い
ます。ケイト・E・オラー退役大佐（Colonel Kate E. Oler (Ret.)）とカレ
ン・N・クレイビル中佐（Lieutenant Colonel Karen N. Kraybill）は、と
もに非常に熟達した空軍将校であり、私たちの絶え間のない冗談や猛
烈な本の購入、そしてあてどもない議論に快くつきあってくれまし
た。彼女たちは聖者のように忍耐強く素晴らしい人々です。

スティーヴン・ヘフィントン（Steven Heffington）

アダム・オラー（Adam Oler）

デヴィッド・トレトラー（David Tretler）

まえがき

目　的

「国家安全保障戦略入門」（以下、NSSプライマー）は、国家戦略大学
（NWC：National War College）の学生に対して、国家安全保障戦略を
考察するための共通の出発点を提供し、中核課目の学習目標を理解
し、達成するための主要なツールとして設計されている。

　NSSプライマーは、特に国家安全保障戦略の中核をなすコンセプト
に向き合い、戦略策定のための広範なアプローチを概説するものであ
る。さらにNSSプライマーは、大学内において使用する国家戦略に関
する共通の概念を整合する役割がある。

　以上のようなタスクを達成するために、NSSプライマーは、現在の
統合参謀本部および陸・海・空軍および海兵隊が保持している個々の
ドクトリン（教義）のみならず、現実の国防省の手続きと政策ガイダ
ンスから実質的には導いてきている。

　しかしながら、国家戦略は本質的に多くの手段から成り立ち、多く
の制度の産物でもある。そのため、NSSプライマーは、友好/同盟国、
学術界、ビジネス界などのドクトリンに見られる国家安全保障戦略に
関する重要な文献と同様に、政府機関内の共通の言い回しや政策から
ももたらされている。

　NSSプライマーはNWCコアカリキュラムのためにあるが、国家安全
保障戦略を議論したり、策定したり、評価したりする関係政府機関の
実務者にとっても有用なツールとなるものである。

範　囲

　NSSプライマーは、NWCにおいて講義されている戦略ロジックを詳
述するとともに、国家安全保障戦略を策定することに焦点を当ててい

る。このため国家安全保障戦略は、一般的に国家安全保障会議の権限に該当すると考えられる戦略的な諸課題をも包含するものととらえている。戦略ロジックは一般的な戦略の策定にも有効で適用可能なものである。

　しかし、本書では、特に単独の道具（第4章「国力の道具」で詳述されるが、外交、情報、軍事および経済を指す）や単独の機関によって策定される戦略に焦点を当てていない。むしろ、多様な道具によって構成されている国家安全保障戦略という、より高い次元の戦略の策定に焦点を当てている。

　　適　用
　NSSプライマーは、NWCにおいて学生が履修コースを習熟するのに役立つものである。これにはNWCとして次のような留意点がる。

　すなわち、これが唯一の答えであるとか、戦略にアプローチする唯一の実行可能な方法はこれだというふうに捉えるべきではないということである。戦略上の課題は多くの複雑性と不確実性を抱えているため、一貫して効果的な戦略を策定することは困難をともなうものである。(1)

　複雑性を解明し、不確実性を管理するには、目の前の問題について戦略的に思考する能力が必須である。戦略的に考える際には、戦略ロジックのいくつかのバージョンを適用する必要がある。NSSプライマーは、戦略ロジックの主要な側面を改めて示したものである。

　学生は、国家安全保障戦略の作成に際して、戦略ロジックのほかにも有用なアプローチがあることにも留意する必要がある。NWCカリキュラムのほかの課目でカバーされているものもあれば、政府のさまざまな部門や機関ですでに活用されているものもある。しかし、ほかの分野と同様に、国家安全保障戦略に関する研究はどこかで始めなければならない。NWCの場合、NSSプライマーは、国家安全保障戦略を策定する共通の基盤を付与しているので、まずここから始めることが大切である。

注　記

　NSSプライマーは公式の方針でもドクトリンでもない。これは、NWCの教員、スタッフ、学生らによる協同した取り組みの産物である。(2) NSSプライマーは、学生がNWCカリキュラムを習得するうえで設計された多くのツールの1つであることに留意されたい。

第1章 概　要

国家安全保障戦略の紹介

　本書「NSSプライマー」は、国家安全保障戦略の策定に関して、関連する情報と指針的な事項を提供するものである。基本的に、国家安全保障戦略は手段を駆使するためのアイデアの設計や適用のみならず、国益を擁護または増進させるために、実行可能な目的を達成するための国家の機関や国力の道具（DIME：外交、情報、軍事および経済）について総合調整（オーケストレート）するものである。

　国家安全保障戦略は、望ましくない現状からより望ましい状態にしたり、そのギャップを埋めたりするためのものである。国家安全保障戦略は、国家の政策のほぼすべての側面を組織し、または指導し、広く適用することができる。あるいは、特定の状況に関しては、より焦点を絞って適用することもできる。

　概念的には国家安全保障は、他国や国家群あるいは非国家主体に対して優位に立つため、より好ましい外交的立場を占めるため、あるいは敵対的行動を抑止する防衛態勢を獲得するために行なう競争的な探究である。

　NSSプライマーは国家安全保障戦略を策定する複雑なプロセスを、学生がより一層理解できるようにすることを目的としている。

戦略ロジックの紹介

　国家安全保障戦略の策定と実行には、戦略的に思考する能力が必要となる。戦略的な思考を可能にするためには、戦略ロジックの次の5つの基本的な要素を適用することが求められる。

（1）戦略**状況**の分析（課題とその内容）
（2）所望の**目的**の定義（追求されるべき結果）、そのためには最初に包括的な政治目的を定義し、次に政治目的を達成するために必要な具体的な目標を含めること
（3）目的を達成するための**手段**を明らかにして、それを策定すること（リソースと能力）
（4）所望の目的を達成するための手段の**方法**（使い方）を設計すること
（5）戦略に関連する**コスト/リスク**を評価すること

　この論理を適用するには、最高レベルのクリティカル・シンキング、洞察力、判断力、そしてその判断に基づいて行動する勇気が必要となる。戦略ロジックの各要素には、効果的な戦略を生み出すために、解決すべき多くの疑問が当然ながらともなってくる。残念ながら戦略家というものは、これらすべての疑問に答えを見出すことはできず、一部の問いに対して決定的な答えを見つけるのが関の山である。残りの問いについては、戦略家は仮定に頼らざるを得ない。戦略を策定する際には、未知の要因が既知の要因よりも上回ることが多いからである。
　したがって、戦略家は常に広範囲にわたり、不確実性とあいまいさの状況の下で判断しなければならない。NWCカリキュラムの中でもしばしば登場する19世紀初頭のプロイセン軍将軍で軍事理論家のカール・フォン・クラウゼヴィッツは、戦略家が軍事の天才について語る時、こうした状況の中で戦略家が必要な資質は次のとおりであると語

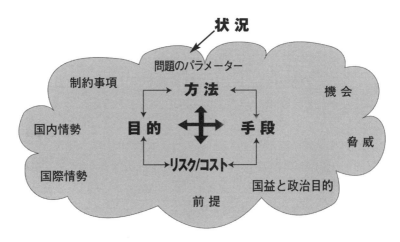

図1 戦略ロジックの5つの基本的要素

っている。

　　予期せぬ無慈悲な闘争から心が無傷でいられるためには、2つの
　資質が不可欠である。すなわち、たとえどんなに苦境に陥っている
　状況にあっても真実に導く内なる光の輝きを持ち続ける知性。そし
　て真実に導くことになるであろうかすかな光に従う勇気である。(3)

　クラウゼヴィッツは、予見できない将来についても記述している。
実は現代においてもすべてが既知のものではない。戦略家は、将来か
現在かの如何にかかわらず、仮定を置いて、死活的に重要な不確実性
に立ち向かわねばならない。仮定とは、特定の未知の事実（真実）で
あるがよくわからないもの、原因と結果に関するもの、目前の課題に対
する時間の影響度に関するもの、あるいは不作為によってもたらされ
る影響度または特定の行動方針の結末に関する仮置きの姿のことであ
る。
　戦略ロジックの要素を列挙すると、ロジックが線形につながって一

連のもののように見えるかもしれないが、戦略の策定は、はるかに複雑で多次元的、反復的で、しばしばあいまいなプロセスをたどる。

　戦略ロジックの要素の相互関係を可視化する１つの有用な方法は、図１のようなものである。形がなく、非線形で、常に変化し、かなり不透明であるため、戦略を取り巻く状況を雲（クラウド）に見立てて描いている。

　クラウドを構成しているものとしては、懸案の特質、懸案に関係する国際的・国内的な状況、ある国の国益と政治目的、それらの国益と政治目的に対する脅威（または逆にそれらを促進させる機会）、行動の自由に対する制約の度合い、直面する懸案に対する最も重要な仮定、そして最後に、懸案を取り巻く戦略状況にとって重要なその他の要因からなる。

　戦略を成功に導く鍵となるのは、戦略状況に対応する目的（ends）－手段（means）－方法（ways）－コスト/リスク（costs/risks）の関係を考案し、必要な全体的な結果を生み出すことにある。

　目的とは、求められる政治目的とその特定の具体的な目標のことである。

　手段とは、利用可能もしくはこれから得られる資源、力および能力のことである。

　方法とは、目的を達成するためにいかに手段を活用するかということである。

　コストとは、コスト的にも、その他の方法でも、戦略を実行するために支払う必要がある対価のことである。

　リスクとは、間違った場合に不利な立場に働く可能性のあるものである。

　この図では、目的－手段－方法－コスト/リスクを強調して中央部に置き、非線形にしている。この相互関係は、ほかのすべての要素と関連付けて各要素を考慮する必要がある。戦略家は、利用可能な手段、採り得る方法、そしてあり得そうなリスクとコストに関連付けて目的

を考察しなければならない。

　この原則は、目的－手段－方法－コスト／リスクのほかの各要素のそれぞれにも適用される。最後に、この非線形の関係は、プロセスについては決まりきった始まりや終わりはないということを表現している。戦略家は、その実行全体にわたって戦略を繰り返し再評価しなければならない。

国家安全保障戦略と下位文書との関係

　1986年のゴールドウォーター・ニコルズ国防省再編法は、包括的な国家安全保障戦略を策定するため、より綿密で制度化された正式なアプローチを確立した。同法は、米国の国家安全保障戦略を定めた年次報告書を議会に提出するよう大統領に指示している。年次報告書は、米国にとって重要な世界レベルでの国家安全保障上の国益、目標および目的を詳述し、そして、短期および長期の国力の活用案を概説するものである。

　ロナルド・レーガン大統領は、1987年に「米国の国家安全保障戦略」と題して、最初の報告書を提出した。(4)

　国家安全保障戦略の下位文書には、世界の地域別の戦略、機能別の戦略、部門別の戦略などが該当する。各下位文書は国家安全保障戦略に記載されている国力の活用と連携し、国家安全保障戦略で定義された国益と目的に資するように策定されている。このように、国家安全保障戦略は同戦略から派生する戦略や政策の策定を牽引し、形成する極めて重要な役割を担っている。

　国家安全保障戦略は、個別の安全保障上の課題を解決するために戦略の策定を担当する行政各部の戦略家やプランナーが参考になるように、十分な知見、洞察力、判断力を具備するように策定されるべきである。陸軍戦略大学のハリー・R・ヤーガーが次のように強調している。

戦略の階層的な性質は、管理の限界（span of control）という問題を解消する。これは、上級指導者の間で責任と権限を委任する論理的な手段である。また、戦略が目的、コンセプト、リソースで構成されている場合は、それぞれが戦略のレベルに適し、互いに一貫性を持つべきであることを示唆している。したがって、国家における[軍事]戦略レベルは、国家レベルで軍事目標を明確にし、定められた目的のために国家レベルに適した観点でコンセプトとリソースを明示すべきである。(5)

　関連する地域別、機能別、部門別の戦略は国益に資するように策定されるべきであり、下位戦略は、国家安全保障戦略の大要と整合させなければならない。下位戦略を策定する担当者は、国家安全保障戦略などのより高いレベルの戦略と政策によって規定された包括的な戦略的概念の見直しとともに状況の評価を始めていく。あるいは、戦略策定の責務を負う場合、戦略家は白紙的な状態で始め、戦略ロジックの要素を通して作業し、策定後にその戦略が国家安全保障戦略の提供する包括的な戦略的概念と一致しているかどうかを評価する。
　いずれの場合も、下位戦略が国家安全保障戦略やその他の上位レベルの戦略と一致しない場合には、戦略家は再評価するか、別途、計画を準備する必要がある。
　包括的な国家安全保障戦略と関連する機能別戦略と地域別戦略がどのような関係になるかについて、以下２つを例示してみよう。

１）米国は40年以上にわたる冷戦間、「封じ込め」という国家安全保障戦略を追求してきた。その範囲と規模は膨大なもので、何十年もの間、グローバルな米国の政策を牽引し、多大な時間、資金、労力を費やした。「封じ込め」という包括的な戦略は、特定の地域および機能的な安全保障の課題に対処することを目的とした下位戦略の指針として役立ってきた。たとえばマーシャル・プラン、朝鮮戦争、ベトナム

戦争、米国の宇宙計画などの戦略は、包括的な「封じ込め戦略」によって導かれたものであった。

2）クリントン政権は1994年、「関与と拡大のための国家安全保障戦略」を公表した。その目的は、強靭な防衛能力を維持し、協力的安全保障の手段を育み、開かれた海外市場と世界経済の成長を奨励するものであった。また、海外での民主主義の推進にも努めようとするものであった。この包括的な国家安全保障戦略は、2期にわたるクリントン政権において地域別および機能別の戦略によって補完されてきた。その具体的な地域別、機能別戦略が、北大西洋条約機構（NATO）の拡大であり、北米自由貿易協定の制定であった。さらに、1991年から2001年のユーゴスラビア戦争への介入など、個別の安全保障上の課題に対処するものとなったのである。

国家安全保障会議（NSC）とNSCスタッフの役割

国家安全保障会議は、NSC担当上級補佐官や行政各部が集い、国家安全保障と外交政策の諸課題を検討し調整するための大統領の主要なフォーラムである。

NSC担当上級補佐官が率いるNSC職員は、ホワイトハウス内で大統領の国家安全保障と外交政策スタッフを務めている。通常、NSCは国家安全保障戦略の策定を担当する。特定の地域および機能別の戦略については、関係省庁が担当するのが通例である。

提案された国家戦略は、ある時点でNSCの省庁間によるレビューと調整プロセスに入り、その後、最終的なレビューと承認のためにNSCに諮られる。しかし、その当初の戦略草案については、行政部や関係機関の1つのコンポーネント内で勤務する1人の戦略家または小さなチームで起草されることが多い。

この事実は、国家安全保障戦略を策定できる国家安全保障に関わる専門家集団が国家には必要であることを物語っている。NWC（国家戦

略大学）の学生が提出した論文の一部はそのまま実際のNSCスタッフが読んで十分な内容と質であるかを評価する。

第2章 戦略状況を分析する

総　論

　安全保障上のあらゆる課題は、より広範な戦略的なコンテキストの中で生起するものである。その現状を分析することは、多くの場合、戦略ロジックに当てはめて考える最初のステップとなる。国家安全保障戦略は、現在および将来にわたるグローバルな米国の安全保障に関する最も重要な状況と力関係を包含しているものである。

　関係省庁別、地域別、あるいは機能別の戦略の場合、戦略家は分析の範囲をどこまで広げて検討するかを決めてから着手する必要がある。国家安全保障戦略と同様に、それらの戦略が目指すところの目標（goal）は、課題に取り組む最も重要な状況と力関係を把握することである。

　戦略家は活用可能な情報を用いて真剣に状況を解明することが重要である。周辺情報にとらわれ過ぎると戦略状況を明らかにできず、あいまいになる可能性がある。重要なことは、影響を及ぼしそうな戦略アプローチに対する情報の影響を戦略家が至当に判断することである。戦略家は「何が起こっているのか？」、「だからそれが何なのか。起こっていることがなぜ重要なのか？」という両方の問いに答えねばならない。

仮定（を設けること）は極めて重要

　仮定とは、論拠がない場合に真実と見なされる仮定（assumption）

のことであり、状況の分析においては不可欠なものである。ただし、戦略策定プロセス全体を通じて、仮定は明確に峻別して、評価しておかなければならない。

　今日のように情報が満ち溢れている環境においてさえ、戦略的な状況について知ることができるものには大きな限界があることを誰もが認識すべきである（訳注：言い換えれば、知りたいことすべての状況が判明したうえで戦略を立てることは現在においても不可能だということである）。

　その結果、戦略家は仮定を置いて、不確実性に対処する必要が出てくる。戦略は、相手の能力と意図、国際情勢の力関係、そして最も重要な側面となる国内情勢といったさまざまな仮定に基づいて構築されている。また仮定は自己の国益を定義するうえでも役立つ。さらに何が脅威か、そしてどのように脅威が及ぶのかを規定したりする際にも有用である。

　相手の利益と意図に関する仮定は、潜在的な行動の原因と影響、時間の要素、可能性のある結果（結末）およびそれらの行動のコストとリスクに関する仮定と同様に重要である。

　要するに、仮定は国家安全保障戦略の策定を成功に導き、戦略を形成していくものなのである。目的をしっかりと捉え、周到に、そして適切な注意を払って仮定を設定すれば、戦略的な成功を収めることができる。

　それに反して、無意識のうちに、または不十分な考察のままで仮定が設定されたならば、戦略プロセス全体を損なう可能性が生じてしまう。おそらく最も危険な仮定は、戦略家が、判明していると思われる真実は何かを突き詰めないまま無意識に設定された仮定である。

　戦略の遂行を通じて多くの仮定が表面化する。戦略家は戦略の成功にとって最も不可欠な仮定とその意味合いを、明示的かつ個々に明確に認識すべきである。また、主要な仮定に対して、戦略家が評価するそれらの信頼性の評価・位置付けについても同様に重要である。状況の解明と戦略的な評価要素の両方において、仮定は詳細な情勢分析に

とって貴重なものとなる。

問題の明示 (Problem Statement)

　戦略の策定において決定的に重要な点は、明瞭、簡潔、かつ精緻な問題の明示が不可欠であるということだ。最も根本的な問題の明示は「ここで何が起こっているのか？」という問いに対する戦略家の応答である。(6)

　言い換えれば、どのような状況/状態が脅威を与えているか、または、どのような好機をもたらしているのか、同様にどのような利害が脅威をあるいは好機をもたらしているのかを明らかにすることである。

　問題の明示は、努めて事実に基づくべきであるが、少なくとも部分的には仮定に基づいていることが多い。このため、問題の明示は基本的に戦略家による文脈上の仮説であると考えるべきである。この仮説の比較的わずかな違いが、結果的には戦略の大きな相違をもたらす可能性がある。たとえば関連する2つの問題の明示から生じる異なる戦略を考えてみよう。

① 「南シナ海における強圧的な中国の行動は、この地域を不安定化させ、米国主導のリベラルな国際秩序を損なう。中国は、地域国家を侵略し、米軍が配備を進めることによって脅かされていると感じ、資源と世界的な通商への継続的なアクセスを確保することによって、その利益を保護するために行動しているので、これらの行動をとっている」

② 「南シナ海における強圧的な中国の行動は、この地域を不安定化させ、米国主導のリベラルな国際秩序を損なう。中国は、現在の政治体制が既存の自由主義秩序と相容れないと認識し、その秩序を地域的、そしておそらく世界的に変えることを意図している、高まる修正主義的大国だから、これらの行動をとっている」（訳注：南シナ海

の中国の威圧的な行動に関して、その中国の真の目的〔政治目的〕がどこにあるかの結論部分が①と②で相違している。①は中国の狙いを通商の継続的なアクセスの確保と捉えているのに対して、②はその最終的な狙いは地域および世界の秩序を変換しようと捉えている）

　問題の明示を考察する際には、顕著な状況の特質を踏まえることが重要である。一体それは何なのか？　現在の状況はどのようなものなのか？　それが不満足なものなのか、それとも望ましいものなのか？　協調的な行動を求めているのか？　どの国益が脅かされているのか？　その焦点となっている国益がどの程度重要なのか？　その国益に対する脅威がどの程度深刻なのか？　問題の性質について、戦略家は、従来の考え方にとらわれて戦略状況を分析する傾向になりがちであることに留意すべきである。戦略家は、状況を至当に評価し、当初の認識が現在の状況と一致しなくなった場合には、問題に対する認識を再検討し、改善し、または完全に作り直すだけの心構えを持つべきである。

国際および国内情勢

　戦略ロジックのプロセスは既述したとおり非線形であり、どの要素から始めてもよいが、多くの場合、国際および国内情勢に関する戦略的な評価から始めることが多い。

• 国際情勢（international context）は、一般に戦略家の当該国の国境以遠のすべての行動、事象、状況および条件を含むものである。また、自国内の外国勢力の行動も含まれると考えるべきである（訳注：たとえば2022年2月のロシアによるウクライナ侵略に関連して、4月に日本政府がとった在京ロシア大使館員の追放などがその例である）。
　国際情勢の要素は、当面の状況とその状況に対応するために採り

得るアプローチの双方に強く影響する。戦略家は、眼前の状況の特質と潜在的に戦略的対応が必要となることを勘案して、最も重要な地域およびグローバルな状況の特質と力関係を明確にする必要がある。

- 国内情勢（domestic context）は、一般に戦略家が属する自国国境内のすべての行動、事象、状況および条件が含まれる。また、サイバー空間や在外自国民による活動を含む場合もある。国内情勢は、ある種の課題に対する戦略を策定する能力を強化するか、または反対に阻害してしまう可能性がある。したがって、戦略家は、戦略努力と一旦実行に移された戦略の実行可能度に関して、両方を補強するかまたは妨げる可能性が高い国内の政治的、経済的、官僚的、社会的・文化的および技術的要因を明らかにしておかなければならない。

  国家経済がどの程度強固に戦略的な努力を支えることができるのか、そしてコストがかかり長引く戦略的な努力に直面して国家がどの時点で揺らぎ始めるのかという、戦略家の判断は特に重要である。

- 制約（constraints）とは、戦略的な行動の自由を制限する有形・無形の要素である。制約は戦略家が目標を達成するために活用できる選択肢を制限してしまうことになる。たとえば脆弱な国力や利用できる機関/アクターが限られると、実行可能な選択肢を狭める可能性が生じる。

もう1つの例として、行動するうえで顕著な制約となるのは時間という要素である。同様にパートナー国、同盟国および競合国の利害も行動に大きな制約を与えることが多い。政策的・法的・規範的な境界（価値）は、国内によるものか、国外からのものによるかにかかわらず、制約となり得る。

戦略を実行するために必要な政策および法的権限も、重大な制約をもたらす可能性がある。戦略家は、現在の状況に最も関係している当局はどこなのかを慎重に評価しておく必要がある。こうした複雑な分析を行なう際には、通常、法律専門家との話し合いが有益となる。戦

略アプローチを考察する際に、行動の自由に制約を課す最も重要な点はどこかを明確にすることは、戦略家にとって重要なことである。

国益、脅威および機会

　国益は、基本的で永続的なニーズや望みとして最もよく理解されるものである。国益の追求は、国民の幸福を促進し、国家の行動を導く原動力となる。国益は、安全保障、繁栄、原則(または価値観)として広く位置付けることができる。重要なことは、国益を有限で達成可能な目標と捉えるべきではなく、むしろ永続的なもので達成が困難と思われるような道標のようなものと考えた方がよい。

　たとえば、国家はその安全保障がすぐに危険にさらされていないと判断したならば、ほかの国益の追求に重点を置くこともある。ソビエト連邦崩壊後の米国の状況がそのようなものであった。冷戦の終結によって安全保障がアメリカの国益でなくなったわけではなく、あるいは「達成された」ことを意味するわけでもなかった。むしろ、新たな状況に基づいて、安全保障のさらなる追求は、ほかの国益を上回っていたのである。2001年9月11日（米国同時多発テロ事件）以降、安全保障が再び国益の最前線に戻ってきたのである。国際および国内情勢が変化した時、安全保障は再び優位性を取り戻したのであった。

国益（Interests）

　ある特定の状況の下で国益を定義した後、戦略家はそれらの国益の重要性を評価する必要が出てくる。この評価は、費やすべきエネルギー・労力・資源のレベルを決定するのに有益である。また、懸案の国益が守られ、その国益が増進されることによって生じる許容可能なリスクのレベルを決定するのにも役立つ。国益に関して常用されている評価基準といったものは存在しないが、次の3つのレベルを適用することは有用であろう。

1）死活的な国益（vital interests）とは、戦争を行使したり、戦争寸
　前までリスクを冒したりするなど、国家がほぼすべてのコストを負
　担し、ほぼすべてのリスクを負うものを指す。国家の生存に対し
　て、実在する脅威から守ることは確かに死活的な国益である。だ
　が、死活的な国益には、国家の存在が脅かされない状況が含まれる
　ことも事実である。死活的な国益に示された重要な意味を考える
　と、戦略家は、"死活的な"という用語を使用する際や、他者が国
　益を説明するためにこの用語（死活的な）を使用する際には、特に
　注意を払うべきである。
2）重要または主要な国益（important or major interest）とは、行動
　しなければ国家が弱体化してしまう国益のことである。しかし、ほ
　ぼすべての負担を示唆する死活的な国益とは異なり、主要な国益を
　守ろうとしたり、増進させようとしたりすることによって生じる負
　の結果については、それにともない発生するコストやリスクと慎重
　にバランスをとる必要がある。
3）付随的な国益（peripheral interest）とは、望ましいものではある
　が、費やされるコストとリスクが極めて限られている場合にのみ追
　求されるべきものである。

　戦略家がどのような評価スキームを使用しようとも、これらのさま
ざまなレベルの定義は必ずしも厳密なものではなく、いつに判断如何
の問題となる。国益の評価は時間の経過とともに変化する可能性があ
るため、定期的に国益の価値を再評価することは不可欠である。
　また、国益を抽象的に評価することは困難である。国益が脅かされ
る特定の状況、または国益を増進する好機がある特定の状況において
のみ、国益を評価することは意味のあるものとなる。
　最後に、過去においてもそうであったし、将来においてもそうであ
ろうが、政治指導者が行なう国益の評価の判断については、戦略家の
判断とは相違し続けるであろう。そして、それは、国益に対する脅威
の判断についてもいえることである。かかる相違は、大統領の政権交

代時、そして多国間および省庁間における戦略策定において、ほぼ確実に現れるものだ。

脅威（Threats）

基本的には、国益の一部が危険にさらされる状況のみが脅威といえる。したがって、ある状況が米国の国益を脅かすのか否か、そしてどの程度脅かすのかを決定することが極めて枢要となる。この質問は、戦略状況を評価する際の出発点として役立つものである。

国益と同様に、戦略家は最も危険（most dangerous）または最も蓋然性の高い（most likely）脅威を至当な評価に基づいて優先順位付けることによって、真の利点を導くことができる。

脅威の優先順位付けは、戦略を策定するに際して、何が最も重要なのかについて焦点を当てるのに役立つ。戦略家は、脅威の深刻さを評価するためのスキームを策定すべきである。国益の価値に関する戦略家の評価と組み合わせて使用すると、この脅威の優先順位付けは最適な戦略アプローチを決定するうえで有益となる。

死活的な国益に対する深刻な脅威は、付随的な国益に対して無視できる程度の脅威とはまったく異なる対応が必要となる。脅威の評価に役立つ概念的な方程式は次のようなもので、脅威を見積る際に有用である。

脅威 =（対象国の）能力 ×（対象国の）意図 ×（我の）脆弱性

答えの値が大きくなるほど脅威は増大することを表している。

機会/好機（Opportunities）

国家安全保障に関わる戦略家は、戦略状況が国益を増進させる機会（好機）がいつなのかを意識すべきである。ある安全保障上の課題の中で焦点となる国益を定義した際に、戦略家は、それらの国益に対する脅威にそれほど着目しないかもしれない。代わりに、状況はその国益

をさらに増進させる機会もたらしているかもしれない。しかし、脅威にうまく対処することから得られた利点を機会と混同しないことが重要である。

　機会というものを、脅威の裏返し、脅威にうまく対処した後に訪れる望ましい状況、あるいは脅威に対処することによって享受する非対称的な利点と考えるべきではない。脅威と同様に国益に関連して機会は存在している。戦略家は簡潔で一貫した戦略の中で機会を定義し、それを引き出すことに厳格であるべきである。

　結局のところ、同盟国や貿易相手国と協力するための国家安全保障戦略は、通常、脅威ベースの戦略ではなく、機会ベースの戦略なのである。

個人と認知バイアスの認識

　人間は自らの認識を形成する特定の世界観を自然と持つようになる。世界観を持つこと自体は本質的に良いことでも悪いことでもない。世界観は、時間の経過とともに進化し、教育や経験、さらに価値観や文化などの無数の要因によって形成されていくものである。

　世界観は、仮定によっても形作られ、戦略レベルの問題や解決に対する考えや態度に必然的に影響を与えるため、戦略策定プロセスにかなりの偏りをもたらしてしまう（訳注：たとえばロシアのプーチン大統領が彼の20年以上にわたる統治を経て確立してきた世界観に基づきウクライナを一方的に侵略した事実を考慮すれば、世界観という用語のイメージが想像できよう）。

　世界観とは別に、バイアスのもう1つの原因は、人による認知の自然なパターンによってもたらされる。戦略家は、自らに賛同する人々の考えには同調し、そうでない人の意見に対しては精査したり、または却下したりする傾向がある。社会的受容の必要性はグループ内バイアスにつながる可能性がある。

それは、現状に対する生来の好みが変化の認識に非常に影響を与えるのと同様である。過去の否定的な経験は肯定的な経験からの教訓を上回る傾向がある。また、人は他国の人々や文化も自分たちと同じように考えているとつい信じてしまう傾向がある。

　国家安全保障に関わる戦略家はそのようなバイアスに陥りがちであることを常に意識しなければならない。認識に対する個人の効果と認知バイアスを排除することはほとんど不可能なものであるが、それを努めて避ける複数の分析方法とツールがある。たとえば、レッド・チーミング（第6章詳述）である。これは戦略家が戦略作成プロセスにおいてバイアスの弊害を減らすために活用すべきものである。

第3章 所望の目的の定義

目的を定義するうえでの国益の役割

目的とは、戦略家が戦略において達成しようとしている究極の結論のことである。

たとえば第2次世界大戦においては、枢軸国の無条件降伏が戦略的な目的であり、枢軸国が無条件降伏すると、その目的を達成するための戦略は任務を終えた。

安全保障上の課題に取り組む際には、国益が目的達成の主な原動力であるべきだ。国益は、国家に対する脅威を評価するためのベンチマーク、または国の幸福を増進する機会を提供するものでなければならない。しかし、国益はあまりに包括的すぎて、形がなく、永続的な性質が強いので、国家安全保障戦略のための具体的かつ達成可能な目的とは通常なり得ない。国益を目的として定めた戦略というものは、一般的に明確さを欠き、達成不可能であり、努力を拡散させてしまい、関与の度を過度に延長してしまうものとなる。

政治目的 (Political Aim(s))

安全保障上の課題は、国家が厄介な脅威または有望な機会と捉える外的な状況によって構成される。国家安全保障戦略の目的は、現在の困難な状況をそれほど厄介ではないか、より有望な状態(望ましく新しい状態)に改善することにある。その望ましく新しい状態というものが国家安全保障戦略の政治目的となる。そして、その政治目的が戦略を

策定するための明確かつ達成可能な焦点を提供することとなる。(7)

　ある戦略的な課題において焦点となる国益を特定するということは、その課題に対処することがなぜ重要であるのかという理由を明確にしてくれる。

　戦略というものが既存の状態と政治目的（望ましい状態）との間の橋渡しであるため、政治目的は基本的に明確で、一貫性があり、達成可能な目的であるべきだ。政治目的とは、既存の状態と比較して、焦点となる国益を維持、擁護および、または増進させると戦略家が信ずる新たな状態を定義することにある。

　政治目的を確立する際には、戦略家は、その目的を実現不可能にしてしまう可能性のあるコスト、リスク、制約を考慮しなければならない。あわせて戦略のための政治目的のステートメントを作成する際には、避けるべき結末や状態を戦略家は念頭に置かなければならない。そのような結末または状態が存在する場合は、戦略に明瞭かつ明示的に記載する必要がある。

　また、戦略家は国益に対する脅威を完全に排除できない場合、政治目的（望ましい結果/状態）が少なくともその脅威を減衰させるものであることを確実にしなければならない。国益を増進する機会が現れたならば、戦略家は政治目的をもってその好機を活かさなければならない。

　時には、国内の政治的、政策的配慮というものは、戦略状況に関する厳密で詳細な分析を経ずに、早く政治目的を定義するよう行政府を急かせる可能性がある。そのような場合、戦略家は政治目的を政治指導者から与えられ、可能な限り最も実現可能な戦略を策定することを余儀なくされる。

　戦略家は、それでも戦略状況に関して、厳密かつ詳細な分析を行なう必要がある。その分析によって政治目的が実現不可能であると戦略家が信じるならば、戦略家は国家指導者に進言するか、進言できなければいけない。

具体的目的 (Specific Objectives)

　戦略がどのような目的を達成しようとしているのか、その状態を明らかにした後、戦略家はその目的を達成するために何を成し遂げるべきであるかを特定しなければならない。そのために戦略家は、望ましい政治目的を達成するために、下位の目的とも呼ばれる具体的目的を策定する。それぞれの具体的目的は、努力の指向の焦点または「方法と手段のパッケージ（ways means package）」と呼ばれるものになる。

　たとえばトルーマン大統領は1947年にソ連が明確な敵であると結論付け、米国の持てるイデオロギー的・物理的な諸力を結集して不断にソ連と敵対した。トルーマン政権がこの脅威に対抗するための「封じ込め戦略」を構築するにつれて、具体的目的というものが明確になっていった。米国がソ連を首尾よく封じ込めるという政治目的が達成されるならば、ヨーロッパは活性化され、米国とより一層連携されると考えたのである。

　この状況において、政治目的を達成するための具体的目的とは、マーシャル・プランと北大西洋条約機構（NATO）の創設であり、それらは具体的な果実となった。

　さらに、米国はエネルギーへのアクセスを保護し、黒海からの実質的なソ連の膨張を防ぐ必要があった。これらの具体的目的を支えるため、米国はギリシャとトルコの共産主義の拡張に対抗するために軍事的および財政的支援を行ない、イランからソ連を撤退させたのである。

　戦略における一貫性というものは、焦点となる国益、それらの国益を確保するために追求される政治目的、そして、政治目的を達成するための具体的目的、この３者の緊密な連携から生まれるものである。それによって国益は擁護または増進されていく。

　健全な目的にとって最も重要な性質は、精緻（precision）であり、かつ簡明（brevity）であることだ。目的は、何を達成すべきであるかを

冗長にならず明確に述べることである。あいまいな目的は戦略に集中することを妨げ、冗長な目的は誤解を招き焦点をぼかしてしまう。

　ある安全保障上の課題に対して、戦略家が準備すべき目的がいくつであるべきか、といった基準はない。その課題と政治目的の双方が準備すべき目的を決めるものだ。一般的に目的というものは、正確でありつつも、より少なく、より包括的な目的の方が、望ましい政治目的の達成に集中できる。その際には、最重要の脅威／機会（好機）に立ち向かいながらではあるが。

第4章 手段の選択

国家安全保障戦略遂行上の手段

　戦略ロジックの5つの要素のうちの3番目の要素は、具体的目的を達成するために必要な「手段」を見出すことである。その具体的目的は望ましい政治目的を生み出す。要するに、手段とは、望ましい政治目的を生み出すための能力と資源なのである。時には、適切な手段はそのまま利用可能なものであり、時にはそれらを新たに作らなければならない。

　国家安全保障戦略遂行上の手段には以下の3つがある。1つはまさに国力を構成する要素（Elements of Power）（図2参照）である。2つ目は政府機関、NGO、メディア、個人といった機関/アクター（Institutions and Actors）（図3参照）である。そして3つ目は外交、情報、軍事、経済といった国力の道具（Instruments of Power）（図4参照）である。

国力の要素 (Elements of Power)

　国力の要素とは、国家の力を生み出し、維持するための基盤を提供するものである。国力の要素に関する定番のリストというものは存在しない。実際には国力を構成するものが何であるかについては、多くの学説が存在する。(8)

　ただし、国力の要素に関するリストには、図2に示すような要素が含まれるといえる。最も重要なことは、リストのような正確な構成そ

```
┌─────────────────────────────────────┐
│          国力の要素                   │
│  •天然資源      •研究開発/技術        │
│  •地  理        •インフラ             │
│  •人的資本      •統  治               │
│  •経  済        •文  化               │
│  •産  業        •国家意志             │
│                                       │
│           •国際評価                   │
└─────────────────────────────────────┘
```

図2 国力の要素

のものではなく、国家安全保障戦略の手段が国力の最も基礎的な構成
要素に拠っているという認識を持つことである。国家または非国家主
体（以下、国家などとする）が国力の要素であるこれらの構成要素を守
り、さらに政治目的を追求するため国力の要素を特定の能力に効果的
に転換できるという能力は、戦略的に成功するうえで極めて重要であ
る。

　図2のリストの項目は、それぞれが明瞭に区別されているように見
えるが、それらは重複したり、相互に依存したり、互いに関連し合っ
ている。それらは単純な定義を嫌い、その重要性は常に所与の戦略状
況に呼応している。一般に、国家の天然資源、地理、経済、インフ
ラ、産業は、伝統的に戦略的な行動を支えるために重要な力の基盤と
して認識されている。

　国力の要素の1つである「人的資本」には人口統計が含まれる。そ
の細部は人口規模、出生率、移民の動向、教育水準などである。

　次に「統治（Governance）」とは、政治構造、行政の有効性、法の
支配の遵守などの事項を指す。

　同じく「国家意志（National Will）」とは広範で無形の概念である。
それは、国民感情、国の目的と目標がどうあるべきか、そしてそれを
達成するために何を犠牲にするのかといった見解を指すものだ。

　国家の「研究開発/技術」のレベルは、国家としてイノベーションで

きるか否かの能力を示すものである。国家意志と同様に、「文化」は測定し難いものであるが、国家の権力を維持、構築、行使する能力において重要な役割を果している広範な概念である。文化はまた、外国の機関/アクター、個人の認識を反映した国際的な評価を形成するものでもある。(9)

機関/アクター (Institutions and Actors)

　機関/アクターは、国家に代わって国力の道具を用いる存在である。国家安全保障に関わる戦略家は、目標を達成し、かつ戦略の政治目的に結びついた結果を生み出すために、多くの場合、国務省や国防省などの政府機関/アクターに注目する。

　しかし、状況によっては、ほかの機関/アクターが適切である場合もある。公式、半公式、非公式を問わず、図3は権力の道具を行使して戦略を成功させるために活用できる、公的・民間・国内・国際およびその他の機関/アクターの範囲を示している。

　国際政府機関（IGO）と国際金融機関（IFI）は、それぞれ国際連合（UN）や国際通貨基金（IMF）などの団体である。準政府組織（Quasi-governmental Organizations）は部分的に国営であるが、政府の省庁よりも広く独立性を持って運営されているものを指す。一例として、米国平和インスティテュート（USIP：United States Institute of Peace）を挙げることができよう。

　パートナーとは、外国政府、その機関および職員を指す。

　代理/代理人（Proxies）とは、政府に所

```
┌─────────────────────┐
│      政　府          │
│        |            │
│      IGOs           │
│      IFIs           │
│    準政府組織        │
│    パートナー        │
│    代理（人）        │
│        |            │
│     メディア         │
│    ビジネス界        │
│     市民生活         │
│      NGOs           │
│  影響力のある個人    │
└─────────────────────┘
```

図3 機関/アクター

属しない外国のパートナーを指し、その行動を通じて、直接または間接に国家の戦略を実行に移す存在である。ムジャヒディン（訳注：1980年代のアフガニスタンにおける反ソ連武装組織）とコントラ（訳注：1980年代の中米ニカラグアの親米反政府民兵組織）は代理であり、この2つの歴史的事例は米国にとっての代理を示している。ヒズボラはイランにとっての代理である。

ここで使用されるメディアという用語は、記者、ブロガー、ジャーナリストおよびあらゆる形式のニュースを放送、印刷、またはアップロードする人物や代理店のすべてを指す。また、エンターテインメント業界も含まれている。

ビジネスとは、あらゆる形態の民間企業または国有および国が統制する企業を表す幅広い概念の用語である。たとえば政府が出資する投資ファンドも該当する。

市民社会（Civil Society）とは、慈善団体、労働組合、民間団体、政党、宗教団体、非営利企業、市民団体のことである。

市民社会団体（Civil-society groups）とは、地方、国内、または国際レベルで組織されている非営利の自発的な市民グループのことをいう。同団体は非政府組織（NGO）に類似するものである。

影響力のある個人（Empowered Individuals）とは、機関に属さない独立した個人で、実力を持つ人たちのことである。例としては、有名人、元大統領、慈善家、またはその他の著名人が含まれる。

これらの機関/アクターのいずれもが、特定の国力の道具（外交、情報、軍事、経済）を独占しているわけではないことを認識することが重要である。こうした機関/アクターの専門知識、能力、資源、職務を理解しておくことは有益であるが、他方で、戦略家はどのような機関/アクターであっても、国力の道具と固定的に結び付けて考えてしまうと逆効果になるおそれがある。

たとえば国防省は米軍という国力の道具と最も密接に結びついている機関であり、その能力と任務は通常、軍事の道具の適用に関連付けられる。しかし、国防省はまた、外交、情報、時には経済を道具とし

て適用できるし、実際そのように活用されている。

　同様に、国務省は外交の道具と最も密接な関係があるが、経済、情報を道具として頻繁に活用する。国防省イコール軍事の道具、そして、国務省イコール外交の道具として固定的に考えてしまう戦略家は、所望の目的を達成するために死活的に重要でかつ広範囲に考察しなければならない能力を失うことになる。

国力の道具 (The Instruments of Power)

（訳注：instrumentsを道具と直訳している。手段という表現の方が日本語的には適切かもしれないが、meansを手段として訳しているので、本翻訳では用語を区別している）

　アクター/機関は、外交、情報、軍事、経済（DIME, Diplomacy, Intelligence, Military and Economy）の4つの主要な道具を駆使して力を行使することになる。またそうすることによって目的を追求する。各道具は、図4で広く説明されている一連の基本的な機能で構成されている。(10)

　戦略家の課題は、目前の状況に対処するために、これらの能力をどのように組み合わせれば最も適合するのかを判断することである。この作業には、各道具がどのような場面で使われているか、をよく理解しておくことが重要である（訳注：DIMEの使われ方の最適解を見つけ出すことが戦略家の仕事であると言える）。

```
D：外　交
　　　代　　表
　　　交　　渉
　　　実　　行
I：情　報
　　　知　　覚
　　　通　　知
　　　マニュピレーション
M：軍　事
　　　武　　力
　　　武力による威嚇
　　　軍事支援
E：経　済
　　　援　　助
　　　貿　　易
　　　金　　融
```

図4 道具（DIME）

ある状況において、それらの道具の能力と限界は何か？　それら
の道具をどのように使用するか？　最良のコンセプトと手法とは何
か？　そして、それらのコストとリスクは何かを問い続けなければ
ならない。

外交（Diplomatic）

　外交とは、時に「外交政策を外に向かって表現すること」と呼ばれ
ることがある。すなわち、ほかのすべての国力の道具（情報、軍事お
よび経済のこと）をリアルタイムで調和させる努力のことである。こ
の定義は、外交政策を実際に策定する上級官僚たる外交官と海外でそ
れを実行する大使館の両方の主導的役割を捉えているため、外交実務
家にとっては魅力的である。

　しかし、この視点は外交を政策（policy）と国政運営（statecraft）の
双方を混同してしまうことになる。この混同は、外交を国政運営の中
での独立した1つの道具であるということを妨げてしまう。DIME構
造で使用される際には、かなり限定的で実用的に外交を定義してい
る。すなわち、ここでは外交を公式な関与として捉えている。国家が
国家などと正式にどのように交流しているかという点である。

　このやり取りには、数多くの手法がある。公式に威嚇したり、制裁
を通知したり、戦争を宣言したりする強硬で強圧的な外交から、共通
の利益を見出し、同盟を構築し、交渉または合意を維持する外交まで
全領域にまたがるものである。強調しておかなければいけないこと
は、外交というものは通常、それのみの行為ではなく一連のプロセス
の中にあるということだ。それは、情勢を理解するために外国のアク
ターの国益の詳細を収集するために行なわれる双方向の営みである。
そして、外交の道具は、政治、軍事、経済の目的を達成するために使
用されるものである。

　伝統的に、個々の外国の政治（および軍事）指導者との交流は外交に
とって重要な部分である。これは**二国間（両面）外交**（bilateral (two-

sided) diplomacy）と呼ばれ、国家元首レベルでも行なうことができる。情報を収集して伝達し、あるいは戦略的意図を伝えるメカニズムとして使用される電話、会議、スピーチなどによって行なわれる。

　米国では、国務長官と国務省が外交分野の主要なアクターである。他国の多くでは、外務省が同様の機能を果たしている。海外では、米国大使館が外交的関与の主要なプラットフォームとなる。大使は、国家を代表する高官として大統領の個人的な代表者として、その任国の「すべての米国行政府職員の指示、調整、監督に対する全責任」を果たす。(11) ところが、外交は主権国家とその政治指導者との間の二国間関係に限定されるものではない。

　多国間外交（Multilateral diplomacy）は、複数の国の同時関与を想定し、時には国際機関を巻き込んで行なわれる。それはまた、関係する非国家主体をも包含する。米国が関与するグローバルおよび地域組織の範囲を考えると、多国間外交はより広く行なわれるようになっている。

　道具としての外交の行使は、外交官や国家安全保障会議の職員に限定されるものではない。財務省と商務省は、商業取引の確保、貿易協定の締結、制裁の科し方、国際金融機関の決定の調整など、政治的および経済的目的を支援するために外国の職員と交渉することになる。

　国防省の当局者や統合軍の司令官は、外国のカウンターパートと軍事協力について話し合うだけでなく、緊張をやわらげ、関係を構築し、合意に至る交渉をするために、彼らと会合を重ねている。

　司法省と法執行機関の職員は、世界的な犯罪ネットワーク、テロの脅威、その他の国境を越えた問題に対処するために、外国のカウンターパートと調整する。確かに、州や都市レベルの当局者でさえ、たとえば姉妹都市のパートナーシップを構築することに同意するなど、国際的なカウンターパートと外交を行なっている。

　外交的な関与の種類としては、代表、交渉、実行の３つの方法に大まかに特徴づけることができる。

1）代表（Represent）

　最も一般的な外交行為は、外国のカウンターパートと関わり、日々の関係を構築して、自国の立場を説得力をもって説明し、擁護し、または増進させることにより自国の立場を支え、あるいは少なくとも矛盾しない対応を求めることにある。これらの行為は、他者が自分の意見を聞いてくれると感じさせるとともに、ほかの外国政府、組織、国民が米国の政策の理解を確実にすることによって合意の形成を追求するものである。

2）交渉（Negotiate）

　交渉は何かを与えることによって何かを得ることである。それは両国間で利害の対立がある場合の解決策を探求することでもある。(12)戦略的成果を得る主要な外交上の手法として、交渉とは、問題/紛争を解決したり、あるいは関係者の相互利益に働く合意に達したりするためのギブ・アンド・テイクのプロセスなのである。より世俗的なレベルでは、国、政府機関、企業、さらには個人が国同士の交流をどのように進めるべきかについて、技術的な特性を見出すことも含まれている。

　交渉は利害が密接に一致していれば瞬時に成立することもあれば、反対に、交渉が後退し一貫性のないものとなり、幾年ものプロセスを経ることもある。

3）実行（政策の合意）（Implement）

　外交は合意に達することによって終わるわけではない。履行行動も含まれる。合意というものが多くの異なる形（たとえば二国間声明、共同コミュニケ、パートナーシップ、条約の履行）をとるように、フォローアップの行動は、それに続く環境を醸成し、管理していくものである。例としては、コアリションの維持、技術支援の提供、戦略対話、条約の検証、国際法などが挙げられる。さらに、国家および国際的な法執行機関や移民に関する特定の側面が含まれる場合もある。

全体として、外交の強みと弱みはコインの表と裏の関係と同様である。外交は実行する能力が限られているという弱みがある。外交の道具としての強さは、コミットメントが自由で、当事者の利益を十分に満たし、持続する可能性が高いという事実にある。反対に、弱点はコンプライアンスは一般的に自発的なものであり、誠実さは保証されず、違反を検知し是正するメカニズムはしばしば最小限であるということだ。

　これらの弱点は、多国間外交のコンセンサス主導のモデルにおいて特に顕著である（訳注：日本においては、外交によってすべてを解決できるかのような主張が時折り見受けられるが、外交と情報、軍事、経済が密接に絡み合っていることを日本の戦略家は認識することが重要である。外交が効力を発揮するためには軍事、経済、情報によるバックアップが不可欠である）。

情報 （Informational）

　DIME構造では、情報の道具はさまざまな機能を包含している。それらは、インテリジェンス、パブリック・ディプロマシー、戦略的コミュニケーション、多くのサイバー作戦、心理および影響工作、プロパガンダ、電磁スペクトルにおける特定の作戦などである。

　これらの活動は、政府、アカデミア、企業、メディア、市民社会、個人など、より幅広いアクターによって行使される。

　情報に関しては極めて幅広い多くの機能やアクターが関与するにもかかわらず、道具としての情報の性質は、知覚/知る（perception）、配布（distribution）（訳注：後述の説明箇所ではinformが使用されている）およびマニピュレーション（manipulation）の３つの柱を中心に展開し、まとまりのあるものである。

　すべての道具と同様に、適用においては、これらの３つの柱は、明確で理論的なカテゴリーとして個別に機能するというよりも、むしろ重複する連続体として機能することが多い。

1）知覚（Perceive）

　知覚とは、世界をありのままに正確に理解するための取り組みのことである。それは、個々の認知レベルから国や多国籍組織のレベルまでを含む。また、それは利用可能な情報の収集、処理、総合、分析および解釈を包含する概念である。国家の観点から、世界を知覚するとはどういうことかを、次のような事例を挙げて説明しよう。

　英国のウィンストン・チャーチル元首相は第2次世界大戦における連合国軍の勝利をウルトラ・プログラムによるものであると指摘している。ウルトラ・プログラムとはドイツの暗号を解読し、それによって連合国がドイツの戦争計画を承知してその計画を把握することに成功したという事例である。

　しかし、一般的にインテリジェンス・コミュニティを中心としたこの知覚の側面は、道具に基づく（instrumental）というよりも制度的なもの（institutional）である。つまり、力を直接振りかざすのではなく、力を創造し、保守し、または有効にすることに関連している。

　知覚の第2の側面は、世界の状況を正確に把握できる国家の能力に関して、外部がどのように認識しているかに関連している。敵対国が手強い能力を持っていると認知することは、それ自体が相手国の態度に直接影響を与える強力な制約となるおそれがある。

2）通知（Inform）

　知らせるとは、対象とする情報の受け手の認識（情報環境）を明確にしたり改善したりすることに焦点を当てている。そして、知らせることとは、受け手に対する説得力のある情報伝達によって成り立つ。これは、受け手とのつながり、メッセージの内容およびその認知効果に拠るものだ。

　情報の多くの側面は、戦略的コミュニケーションの概念に具体化されている。すなわち、調整されたプログラム、プラン、テーマ、

メッセージおよびプロダクトを活用することにより、自己の利害、政策、目標の実現に有利な条件を作為・強化し、または維持するための主要な受け手を理解し、関与させる努力を包含するものである。

　しかし、情報は単なる戦略的コミュニケーションよりも広い概念である。また、情報共有や、より受動的で非公式な知識の伝達を包含している。それらには文化/社会交流、公共メディアプログラム、リリース、ナラティヴ（物語）などの行動も含まれる場合がある。メッセージの伝搬は、その正当性に影響を与える無数の要因に基づいている。これらの側面には、送信者への信頼、送信者とメッセージの関係、オーディエンス（受け手）の先入観、文化、言語、送信の方法および伝送システムの能力と耐久性が含まれる。

３）マニピュレーション（Manipulate）

　マニピュレーションは、目標情報を破壊したり、変更したり、難読化したり、制限したりすることによって、相手の情報環境を劣化させることに焦点を当てている。マニピュレーションには、変造（corrupt）と拒否（deny）の２つの大きな側面がある。

　変造とは、相手が状況を正確に認識または対応したり、自分のメッセージを説得力をもって発信したり、自己の情報環境を効果的に制御したりすることを防ぐために、情報を破壊、奪用、改ざん、または難読化するものである。

　拒否には、自己の情報環境から望まない情報の制限が含まれる。マニピュレーションという概念は、情報作戦という教義的な定義に部分的に含まれている。それは、一方の当事者が情報を取得して使用する能力を否定し、反対に自己が同様のことを行なう能力を保護し、強化する努力をともなうものである。

　マニピュレーションには、ライバルの国家やアクターによる通信の認識や拡散を能動的に妨害したり、欺瞞行為を行なったり、多くの攻撃的なサイバー活動が含まれる。さらに、マニピュレーション

には電磁スペクトルの特定の活動、プロパガンダおよび相手の能力、行動、知覚を制御するために情報を制限したり、ねじれさせたり、破壊することを意図したその他の行動が含まれる。

　ソーシャルメディアや情報/技術インフラストラクチャは過去四半世紀にわたって劇的に拡大し、サイバー空間への活動が増えるにつれて、情報は国家にとって一層重要な側面になっている。国家などは新しい技術情報能力を獲得しようと努力する。独裁的な国家は広くプロパガンダとディスインフォメーションを活用する。そしてテロリスト集団はソーシャルメディアやその他のデジタル手段を利用して、メッセージを広め、軍の兵員を募集し、資金を集める。

　先進国においても、民間であれ軍隊であれ、すべての重要なインフラは、コンピュータネットワークに接続されている。サイバー空間の遍在性と透過性は、国などがそれらの利点を利用し、その危険を見落とす脆弱性を生み出す。しかし、サイバー空間は情報の道具と同義ではなく、これは情報が流れ、ある種の情報作戦を実行できるドメインと考えるべきである。長期的には、情報がどのように力の道具として発展するかを評価することは困難であるが、現在の傾向はますます重要性を増していると言える。

軍事（Military）

　国力としての軍事の道具は、政治目的の促進のために武力を行使したり、ほかの当事者が適用したり、適用することにより脅かしたりすることをともなう。道具としての軍事の適用は、国家が行なうことのできる最も危険な行動である。戦略家や国家指導者は、軍事の性質、能力、限界、コスト/リスクを十分に理解し、評価したうえで厳格に適用すべきである。

　軍事の道具の定義は普遍的なものはないが、武力そのもの、武力による威嚇、そして軍事支援という３つの要素は、武力の本質を捉えている。そして、それらは武力を評価するための適切な枠組みを提供す

るものである。(13)

1）武力（Force）

　武力とは、他者を強制、征服、または根絶することを目的とした一方の当事者による暴力の適用である。それはどのドメイン（陸、海、空気、宇宙、サイバー）においても行なわれる可能性がある。武力には、とりわけ大規模な紛争、隠密・秘密活動、単一目標への攻撃、代理の運用、破壊的なサイバーパワーの使用、または政治目的および関連する具体的目的を達成するために暴力が適用されるその他の活動が含まれる。

2）武力による威嚇（Threat of force）

　武力による威嚇とは、敵対者の態度を強制的に変更させたり、将来の行動を主導したりするために、武力をもって威嚇することである。武力と同様に、武力による威嚇は政治目的を達成するために使用される。それは敵対者が行動を開始するのを抑止するために防御的・予防的に使用されることもある。また、攻撃的に使用して、敵対行動を止めさせたり、価値ある欲求を断念させたりすることができる。(14)

　いずれの場合も、武力による威嚇が効くかどうかの決定的要因はその信憑性である。敵対者に当方の能力と意図を信じ込ませる必要がある。さらに、武力による威嚇は明示的であるか、あるいは暗示的であることが重要である。外交官や国家元首は、外交メッセージでそれを頻繁に表現または暗示し、外交力に重みを与える。

3）軍事支援（Force enabling）

　軍事支援とは、国際的なパートナーが軍事力を向上したり、威嚇したりする能力を向上させることで構成され、幅広い概念を包含する。これは、国家などが軍事力を強化するのを助け、国家または地域の安全保障を改善し、軍事力の要素または制度を強化し、同盟国

や連携する国家をより効果的な軍事的パートナーにしたり、軍事協力によってほかの国家を自国に結びつけるためにも適用される。

　軍事支援活動は、軍隊や情報機関によって行なわれることが多いが、排他的ではない。多くの場合、このような努力は、しばしば外交、情報、経済の道具とも結びついている。

NSSプライマーの「機関/アクター」のセクションから視点を広げてみると、軍事という道具は機関としての軍隊と同義であると考えるべきではない。道具を機関と混同すると、以下の3つの理由で戦略的な論拠を損なってしまう。

　第1に、ほとんどの機関と同様に、軍隊は国家に代わってすべての、またはほぼすべての道具を行使することができる。たとえば統合軍の司令官は、外国の指導者に米国の見解を表明することにより外交の道具を用いることができる（訳注：実際、インド太平洋軍司令官が訪日すると官邸を訪問することが多い）。

　国家安全保障会議（NSC）は、ある地域に米海軍の病院船の派遣を、経済および情報の道具の適用として指示することもできる。

　第2に、軍隊以外の機関が道具としての軍事を活用することもある。たとえば米国の情報機関は、自ら軍事力を活用するか、他者によって軍事力を活用できる。さらに、代理、法執行機関、憲兵隊、企業（請負業者）、時には民間人でさえも国家に代わって軍事の道具を活用することもある。

　第3に、軍隊が軍事以外の機能として使用される場合、道具としての軍事の使用にともなう固有のリスクは必ずしも明らかであるとは限らない。たとえば海軍と海兵隊を使って自然災害の被災者に対して人道救援を提供することは、これらの同じ軍隊が戦闘作戦を通じて生み出すような強力な圧力、恐怖、そして政治的パッションを生み出すことにはならない。道具と機関を混同することは、思考を制約するとともに、戦略家に対して道具としての軍事を適用するリスクに慣れさせてしまうおそれがある。

経済（Economic）

国力の1つの要素としての国内経済力は国力の重要な土台となっている。少なくとも、国家は有能な国家機関を構成し、維持するために、十分な富を生み出し、それを蓄積し活用しなければならない。これには、安全保障、インフラ、予測可能性などを提供する機関が含まれる。すべての国には経済力を測る尺度があるが、経済の範囲と有用性については幅がある。

国の潜在的な経済力を決定するいくつかの要因は、人口と国内総生産（GDP）に関連する市場の規模を含んでいる。国民の生活水準は、多くの場合、1人当たりのGDP、または購買力平価として測定される。また、天然資源に対する国の補助金、国の資本へのアクセス、労働生産性、そして国民の革新的な能力などを挙げることができる。

経済の規模が大きいことは重要であり、国家が効果的な制度を作るうえでも重要な要因である。より大きく、より生産的な国家経済になれば、機関を改革し、外部業務に資金を提供し、より多くの資金を招き入れることができるようになる。大規模な経済は、さまざまな道具を補強する。大規模な経済はその存在そのものにより、外部からの変革を促す強力な道具となる。

道具としての経済力は、地域、国家、機関、核となるグループ、個人の経済的繁栄を促進、または制約することとなる。国家が経済力を利用して国際社会に対して影響を及ぼそうとする場合、経済の道具には援助、貿易、金融の3つの主要な側面がある。国家安全保障に関わる戦略家は、提案された戦略が国家経済に及ぼすプラスとマイナスの両方の影響をクリティカルに評価しなければならない。国内経済の健全性を危険にさらすような戦略は、焦点となる国益を明確に理解して、注意深く選考されるべきである。

1）援助（Assistance）

援助とは、ある国家などがほかの国家などから直接提供を受ける現金、商品、物資、またはサービスのことである。援助は、対象と

する国などの特定のセクターにおける能力/容量を改善し、予算支援として、人道支援として、より長期的な関係を形成したり、短期的な行動を誘発したりするために使用される。これには、ひも付きの直接投資か、間接投資の２つがある。

　援助は二国間または多国間により行なわれるものであり、多くの場合、世界銀行、米州開発銀行、アジア開発銀行などの国際金融機関を活用して行なわれる。民間資本の流れ、民間による慈善活動、ディアスポラ（訳注：祖国から離れて暮らす人々が家族などへ送金すること）に比べて、国家間の援助は過去50年間で貧しい国々への援助の割合が次第に減少してきているのは事実である。しかし、援助は依然として潜在的に有用な道具である。

２）貿易（Trade）

　商品やサービスの貿易とは、貿易相手国の富と繁栄を大幅に増やす可能性を秘めているものである。貿易の規制または制限（制裁や関税を含む）は、敵対者の経済に害を及ぼすか、または損失を与えるものである。逆に、貿易協定や関税の引き下げは、目標のコスト/利益分析を変更し、望ましい外交政策の成果を促進するための誘引になり得る。

　貿易は通常、相互に有益であると考えられるが、国家は貿易制限を国策遂行の道具として考慮する際に、自国の経済的繁栄に対する潜在的な損害を慎重に考慮しなければならない。国家はまた、国力を推進するための民間および国有企業の役割と、これらの企業が有するであろう直接的および間接的な影響を考慮する必要がある。

３）金融（Finance）

　金融とは、商業資本フローと投資の複雑な国家間のグローバルネットワークであり、金融政策と財政政策の重要な側面を指すものである。資本市場へのアクセスは、現代の企業が生産能力を高めるために投資を行ない、政府が期待されるサービス（インフラ、健康、福

社、教育など）を国民に提供できるようにするために必要である。

　金融融資、投資、資本フローは、国家のマクロ経済の安定と世界経済全体に必要である。金融システムや銀行システム（制裁）へのアクセスを制限または妨害したり、商業投資を操作したりすることにより、政治的な狙いや目的を達成できる。しかし、貿易制限と同様に、道具としての経済を用いて金融ツールの使用を検討する際には、国家は自国および同盟国またはパートナー国の経済的繁栄（および公平な金融主体としての評判）に対する潜在的な悪影響を慎重に考慮しなければならない。

　戦略家は、自国の経済、対象国の経済、そして同盟国やパートナーの経済の特性も考慮する必要がある。国家の経済活動がよりプライベートセクターに重きを置いて管理されているならば、そして、さらに経済的繁栄を生み出すために自由市場の力に一層依存しているならば、具体的目的を達成するための貿易と金融活動において得られる影響力は相対的に低いものとなる。このような状況では、戦略家は、貿易、金融、または援助行動が対象国に特定の戦略的効果を生み出すことができないと考えるべきである。

３つの構成項目間の相互関係 （国力の要素・機関/アクター・道具）

　国家安全保障に関わる戦略家は、国力の要素、機関/アクターおよび道具という３つの構成項目が相互にどのように関連しているかを理解する必要がある（図５参照）。

　国力の要素は、機関を創設し、維持したり、権力の道具を有効にしたりするために国家が使用する「原材料」または「銀行口座」と考えればよい。しかし、これらの力の構成要素は必然的に有限である（線形でもゼロサムでもない）。

　したがって、国家は、それら国力の要素を発展させ、保護するため

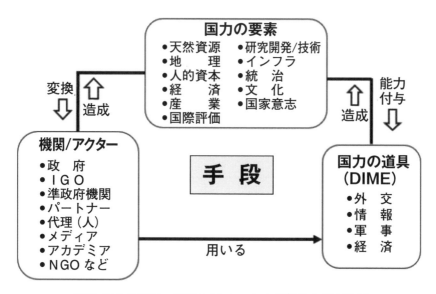

図5 国力の要素、機関/アクターおよび道具の相互関係

に、その機関や道具を使用する必要がある。これら要素を維持することは、国力を維持するのに役立つ。戦略的な不注意、敵対行為、またはコストがかかりすぎる戦略の追求によって、1つまたはそれ以上の要素が著しく減少した場合、国力は弱体化し、相対的または絶対的な衰退が起こり得るものである。

　注目すべき事例として、1970年代のソビエト連邦を挙げることができる。40年前、ソ連は非常に強大に映り、その軍事力と核兵器は米国の能力を上回らないにしてもほぼ互角で、地域的にも世界的にも政治的な影響力が強力であった。言い換えれば、ソ連は強力な機関を建設したといえる。

　しかし、これらの機関は非常に費用がかかり、それらは弱体化しつつある経済的、社会的基盤という要素に依拠していた。ロナルド・レーガン大統領がこの弱点を突き止め、その弱点を集中的に攻めたので、ソ連はその強力な機関を持続することが困難となった。

ソ連の"機関"（ソビエト共産党政権）と"国力の要素"（経済力）の不均衡が国家の崩壊と解散を迫ったのである。まさに、このソ連の例は、国力の要素と機関の関係を正しく理解し、評価することの重要性を浮き彫りにしている。

しかし、機関と道具の直接的な関係も重要である。適切な機関/アクターによって採用され、適切な組み合わせによりもたらされる道具の基本的な能力は、安全保障上の課題を解決し、望ましい政治目的を達成するための効果を生み出す。より簡潔にいえば、機関/アクターは、国家の政治目的を追求するために道具を用いるのである。

この意味で、軍隊そのものは効果を生み出さない。その代わりに、（軍隊による）武力の行使、武力による威嚇、または軍事支援が効果をもたらすのである。同様に、外交官自身は効果を生み出さない。むしろ、代表、交渉、または実装することによって効果を発揮する。アクターではなくアクティビティ、行動が具体的目的を達成する効果をもたらす。

要素とアクターの関係は、循環的であり、相互依存的であり、自立的なものであり、それを適切に運用すれば国力を維持することが可能となる。

手段の駆使と進化

国家安全保障戦略のレベルでは、戦略家は当面の世界の安全保障情勢のみならず、将来の国家の望ましい状況についても検証、把握することになる。この分析には、当面の政治目的を達成するために必要な手段のみならず、国家が今後数年間に必要とする手段（要素、機関/アクター、道具）を考慮しなければならない。これらには、同盟、特定の軍事力、国際協定、天然資源へのアクセス、重要なインフラ、または特定のスキルを持つ訓練を受けた労働力が含まれる。

特定の安全保障上の課題に対応するための戦略は、通常、既存の手

段の範囲内で検討される。しかし、脅威や機会というものは相当の影響を及ぼすので、戦略は当座の手段を用いたり、あるいは時間をかけて新たな手段を考案したりするものだ。

　たとえば第2次世界大戦時の太平洋における米国の究極の政治目的は、日本の無条件降伏であった。真珠湾攻撃直後の数か月間、米国の戦略は日本のさらなる進出を鈍らせるために既存の手段を用いてなんとか時間を稼いだ。その努力によって、米国は動員をかけ、革新するための時間を作ることができ、最終的に、格段に強力な軍事力を造成したのである。動員と高度な技術の開発により、米国は政治目的を達成するために必要な軍事的手段を作り出すことに成功した。

　同様に、米国の対ソ連戦略の一環として、ジョン・F・ケネディ大統領は月への有人探査ミッションの目標を確立した。その努力は、米国の国力の要素を強化する国家宇宙計画を生み出した。米国は、地理という概念を宇宙にまで拡大し、研究開発と技術、人的資本、国際的な評価、そして国としての文化を強化していった。このように新たに開発された手段は、ソ連に対するアメリカの最終的な勝利にとって極めて重要であることが証明されたのである。

　手段の開発は、戦略上の政治目的を定義することさえできる。鄧小平の数十年にわたる韜光養晦（とうこうようかい）（Tao Guang Yang Hui）戦略の中心的な狙いは、経済、軍事、その他の能力の開発であった。中国はあまり目立たないように知名度を低いままにして、資源へのアクセスを制限されたり、成長を制限されたりする国際的な反発を招くことなく、中国が権力を拡大することを可能ならしめた。(15)

第5章 方法の設定

総　論

　政治目的を追求する過程において、具体的目的を達成する方法を設計することは、戦略ロジックの5つの要素のうちの4番目の要素である。「手段を特定する」というのは「何（what）」に焦点を当て、設計する方法は「いかに（how）」に焦点を当てている。選択した手段（要素、機関/アクターおよび道具）を用いて政治目的とその具体的目的を達成する方法を決定する際には、国家安全保障に関わる戦略家は次の4つの基本的な質問に答え、継続的に検討することが肝要である。

　第1に、どのような戦略アプローチが最も適しているか？

　第2に、その基本的な戦略アプローチの中で、どの行動様式が最も有望に見えるか？（たとえば直接的なのか間接的なのか、逐次なのか累積なのか）。

　第3に、最初の2つの質問に対する答えを考えると、政治目的を確実にするのに最も適した道具とは何か、そして、それを行使すべき機関はどこか？

　最後に、戦略家は、所望の目的を達成するために選択された手段をどのように総合的に調整（オーケストレート）するかということが重要である。

基本的な戦略アプローチ

　戦略の方法を策定するプロセスは、おそらく、当面の国家安全保障上の課題に対処するための最も適切な戦略アプローチを考慮することから始まる。戦略アプローチは、事実上何も行動しない案から相手を根絶させる案に至るまで幅広く存在する。

　図6は、戦略家が追求できる基本的な戦略アプローチを、最も弱い方法から最も積極的なものまでをリストアップしている。

　図の中の破線は、戦略の策定における重要な決心点、つまり、戦略家が潜在的な武力行使や武力による威嚇を含むアプローチを検討している状況（境界線）を示している。

　適切なアプローチを選択するためには、戦略家は、焦点となる国益、戦略状況、政治目的とそれを達成するための具体的目的および利用可能な手段を考慮しなければならない。逆にひとたび選択すると、このアプローチは、選択された道具の活用を導くものとなる。

　最後に、戦略家は、選択された戦略アプローチが有効であるかどうかを継続的にレビューしなければならない。国家などが戦略を実行に移すと、戦略状況は多くの場合、予期しない（時にはほとんど想像を絶する）状況に変化する可能性がある。そうなると、戦略家は、当初のアプローチが状況に適合しているか否かを再考すべきである。それはまだ許容範囲のコストとリスクで、利用可能な手段をもって政治目的を達成できるのかどうかという点である。

　また戦略家は、所望の政治目的がもはや実行可能ではないほど劇的に状況が変わったかどうかを慎重に見極める必要がある。図に記載されている用語を詳述する戦略アプローチ

```
観　　察
適　　応
形成/シェイプ
説　　得
支　　援
勧　　誘
- - - - - - -
強　　制
制　　圧
根　　絶
```

図6 基本となる
戦略アプローチ

のリストは次のとおりである。

1）観察（Observe）

　観察とは、最も消極的な戦略アプローチのことである。国益に対する脅威が最小限の場合、国際的なパートナーが単独でも問題に十分に対処できる場合、または、観察以上の行動のコストとリスクが潜在的な利益を上回る場合に適している。

2）適応（Accommodate）

　適応とは、同意することによって新たな競争や紛争を制限または防止できるという信念をもって他国の国益や目的に同意することである。このアプローチには一定の否定的な意味合いが含まれるが、懸案の国益がより対立的なアプローチをとらない場合は最適である。状況に応じて、適応はさまざまな形をとる。たとえば宥和、和解、廃止、撤回、または放棄などである。

3）形成／シェイプ（Shape）

　形成／シェイプとは、多くの場合、より有利な環境を生み出すことを目的とした手段を構築するアプローチである。このアプローチは、脅威が不明確で、切迫しているか、深刻であるか、または戦略状況を有利にする機会を作為できる場合には最適である。また、よりあからさまな行動をほとんど用いずに、相手を次第に弱い立場に追いやることを意図した、比較的長期的な戦略でもある。

4）説得（Persuade）

　説得とは、一般的に議論の力を通じて別のアクターを説得しようとするものである。説得は主に当事者の利益が一致するか、または著しく重なっている場合に成立する。しかし、その活用は限られる。説得が成功すると、一般的にイデオロギー的な合意をもたらし、したがって、より攻勢的な行動をとるよりも強固なパートナー

シップをもたらすことができる。

5）支援 (Enable)

　支援とは、すでに有益な行動をとっているアクターや、自国の政治目的や利益を生み出したり利益を得たりする可能性のあるアクターの能力を向上させるために使用される。支援することは、パートナー国の軍事力の強化や同盟国への情報や資金援助の提供など、無数の方法がある。

6）勧誘 (Induce)

　勧誘とは、相手に対して何か肯定的なものを提供することである。たとえば他国やアクターの態度を変えるように、支援の約束であるとか、安全の保証であるとか、関税の譲歩を提供することなどである。勧誘は一般的に、相手のコスト／リスク／利益計算を変更することによって機能し、利益が一致しない場合やあまり重複していない場合でも機能する。勧誘は取り引きの状態を作ることにある。

7）強制 (Coerce)

　強制とは、肯定的な関与から、武力の行使や武力による威嚇の可能性をともなう否定的な関与に移行する重要な概念的および心理的な分岐点となるものだ。強制行動は実体をともない、または予期できるものである。援助の停止、武器売却の拒否、関税の引き上げ、制裁の実施、外交関係の抑制、部隊の配備または強化、実際の実力行使などの行動が含まれる。強制は一般に抑止と強制（対処）の両方を包含すると考えてよい。

8）制圧 (Subdue)

　制圧とは、対象国からすべての選択肢を取り除くことである。これは、対象のアクターに強制を加えるか否かの選択の余地をまだ残している強制の最も強引な行為である。制圧は一般的に武力に力点

を置き、占領、強制的な政権交代および自衛能力の破壊または深刻な劣化を含む概念である。

9）根絶（Eradicate）

根絶とは、対象国のアクターを徹底的に排除することである。主要な指導者やその信奉者だけでなく、それを導くイデオロギーの完全な排除を求めている。

行動様式

基本的な戦略アプローチを選択することに加えて、戦略家はどの行動様式が選択した戦略を最も効果的に達成するかを考慮する必要がある。

図7に示す行動様式はチェックリストではなく、戦略家が戦略を構築するために利用できるさまざまな方法に関する選択肢の例である。

選択肢はバイナリー（二者択一的）に見えるかもしれないが、同じ戦略内の異なる目的は、複数の行動様式を同時に使用する場合がある。たとえば、公然と非公然の両方を使用するとかである。

列挙されている行動様式がすべてを網羅しているわけではない。戦

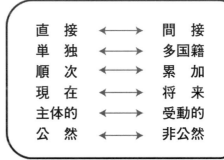

図7 行動様式

略家は、さまざまな潜在的な行動様式を方法策定の一部として検討すべきである。また、特定の様式が戦略状況に適合し、政治目的とそれからくる具体的目的を達成し、リスクとコストの許容レベルで、かつ利用可能な手段で行なうことができるかどうかを見極めねばならない。

機関/アクターによる道具の適合

　方法を設計する際には、戦略家は機関/アクターは道具ではないことに留意すべきである。機関/アクターは、政治目的とその具体的目的を追求するために権力の道具を活用する側にいる。この概念は、手段と方法をリンクさせる中心的存在である。

　戦略家は選択された道具をどの機関/アクターが活用すべきかを決定する際には、幅広く考えるべきだ。たとえば、国防省に軍事力をもって任務を付与することは当たり前に見えるが、常にそれが正しい選択であるとは限らない。特定の状況では、情報機関、代理人、パートナー国、または法執行機関が軍事力を用いる方が適しているかもしれないからである。

　国防省に軍事力を運用させることは1つの選択肢であるが、戦略家は実行可能な限りほかの多くの選択肢も考慮に入れるべきである。

オーケストレーション（総合化）

　国力の道具（訳注：外交、情報、軍事および経済。DIMEのこと）というものは重複したり、相互に連接したり、相互に依存したりしているものである。それぞれの道具は、ほかの道具に対応したり調和したりして作用すると、最も効果を発揮する。したがって、戦略家は、提案された戦略がそれぞれの道具に求めているものは何かを考慮すべきであ

る。どのような時や場所であっても、道具の中の1つが戦略を進める
うえで主要な役割を果たし、一方で、ほかの道具もそれをサポートす
べきである。

　戦略家は、それぞれの道具がその具体的目的を達成し、ほかの道具
の努力をサポートするために、その瞬間にできる限りのことを行なっ
ているかを確認する必要がある。これは、主体的な道具に対してサポ
ートしている道具が邪魔しないようにすることが戦略の成功のために
特に重要である。

　オーケストレーションとは、すべての部品がうまく一緒に収まると
いった意味である。政治目的を達成するためには、機関は論理的で一
貫した戦略の中で際立った行動とアプローチを通じて国力の道具を振
るわなければならない。

　効果的なオーケストレーションというものは、複数の要因に依拠し
ている。戦略には通常、政治目的を達成するためのいくつかの具体的
目的が含まれており、ある目的を達成するために行なわれた行動はほ
かの目的を損なってしまう可能性があるため、それぞれの目的はその
重要性の観点から優先順位を明確にする必要がある。さらに、リソー
スは有限であることを踏まえると、最重要目標の達成に必要なリソー
スを確実に得るためには、優先順位付けが不可欠となる。

　また、主たる道具とそれをサポートする従たる道具を明確に識別す
ることが戦略には必要である。その際には、ほかのオペレーションは
サポートに回っているということである。

　戦略家は、道具をサポートする行動が主努力を指向している行動を
損なわないよう注意する必要がある。また、別の目標を追求する前
に、1つの目標を達成する必要があるかどうかを明らかにして、目標
を順序付けて考えておくべきである。ある目標を追求する前に、別の
目標が達成できるかどうかを見極めるということである。

　いくつかの目標は、同時に、並列で達成することができることもあ
る。また、道具が相反する目的のために働いていないかを確認して、
それぞれの道具を調整することが肝要である。所望の効果を得るよう

に限られた道具を適切に割り当てられるようにして、戦略家は目的と道具の間で適切にリソースのバランスをとる必要がある。

　目標を達成するには、多くの場合、統一したアプローチによって、複数の道具を統合することが必要となる。このような統合化の努力は非常に難しいものであるが、成否を決するものとなる。

　戦略が進展するにつれて、道具と機関が互いに相互作用していく。これらの相互作用の多くは、意図的であり、かつポジティブなものである。しかしながら、一部の相互作用は意図せずネガティブに働くこともある。結果として、戦略家は、道具と機関間の相互作用が肯定的な相乗効果を生み出すように努力しなければならない。

　たとえば米国の戦略家が2004年12月26日の津波（スマトラ島沖地震）の後、東南アジア諸国に救援計画を策定した時、彼らはこうした努力が米国に対する建設的なメッセージを地元住民にもたらすだろうと評価した。それにより、戦略家はこれらのポジティブなメッセージがアルカイダのインドネシアの関連組織、ジェマ・イスラミヤへの支持を低減させると予想した。

　同様に、戦略家は、予期せぬ相互作用によって悪影響を及ぼさないように、戦略的な設計を能動的に形成する努力を怠ってはいけない。たとえば武力の行使は、副次的な損害（コラテラル・ダメージ）につながるおそれがある。具体的には、敵の住民の抵抗の強化につながったり、敵の兵員募集を助長したりするおそれが出てくるということだ。このような懸念は、広範にわたる配慮が不可欠であり、行動を慎重に抑えることの重要性を指摘している。

第6章
コスト、リスクおよび結果の評価

反復評価の重要性

戦略に起因するコストとリスクを評価することは、戦略ロジックの5番目の基本的要素である。戦略状況を分析するという1番目の要素と同様に、コストとリスクの評価は、国家安全保障戦略の策定プロセスの中に根付かせるべきである。戦略的な状況を分析するのと同様に、リスクとコストの評価は、反復かつ定期的に行なうべきである。

コストの評価

コストとは、政治目的を達成するために必要な手段の支出のことである。これには、有形、無形にかかわらず、戦略的価値を取得し、構築し、有効化し、保護し、変換し、達成し、または維持するために必要なリソースが含まれる。

コストには、死傷者、破壊または損傷したインフラ、資本の減少、債務の蓄積、経済の弱体化、評判の低下、影響力の低下なども含まれる。それらは、トランザクショナル（取り引きできるもの）で、政治的、時間的なものであり、または機会の喪失に由来するものである。

戦略家はあるコストを計算によって特定できるが、ほかのコストは仮定に基づかねばならないこともある。それにもかかわらず、ハードデータや見積りや判断に基づくかどうかにかかわらず、戦略家は意思決定者に対して想定されるコストを明確に示さなければならない。そ

うすることにより、意思決定者は戦略の予想されるコストに対して期待される利益を比較衡量することができる。

　予想されるコストが期待する利益を上回る可能性のある戦略は再考すべきである。このプロセスは、正確に定義することがいかに重要であるかを強調している。正確に定義することとは、国家がある問題に直面した際に、それに対する国益、そして国益の価値、さらに国益に対する脅威と脅威の深刻さなどを考慮することである。

　いかなる戦略においても、費用便益分析に不可欠な問題は、それが許容範囲のコストで国益を擁護、増進できるかどうかにかかっている。戦略家がこの評価を行なう1つの方法は、戦略が実行に移された時に、戦略が国力の要素を足すことになるのか引くことになるのかを評価することである。

　国家が国力を維持または補完することができず、最終的に国力を減少させる結果になってしまうのであれば、その戦略的な行動方針に手をつけることは避けなければならない。究極的には、多くの国家戦略に関する議論は、たとえば国民生活と経済的損失といった価値のトレードオフを中心に展開していくものである。

　そのトレードオフは、確実に解決するには非常に厄介である。戦略家は、少なくとも3つのコストのカテゴリー、すなわち、資源（人、資金、設備、時間）、政治的コストおよび機会のコストを考慮すべきである。さらに戦略家は不作為によるコストも考慮するのがよい。

リスクの明確化

　戦略家は戦略を立てる際にリスクを考慮しなければならない。一般に、リスクは危険に関連する損失によって生ずる蓋然性と重大度をともなう。戦略に関していえば、リスクというものは間違い得る要素のことでもある。

　リスクの重大度は、リスクの発生の可能性と、リスクが顕在化した

場合に生じる損害の大きさの両方によって決定される。したがって、核兵器を保有する敵に対して武力を行使する国家は、敵が核攻撃で報復するかもしれないリスクを冒すことになる。その後の被害の大きさは大きいだろうが、仮に相手の国家が核攻撃で対応する可能性がほとんどあるいはまったくないとすれば、リスクの深刻さは受容できると考えるかもしれない。

リスクを計算するための魔法の公式などはない。研究や情報収集活動によって問題の本質や力関係が明らかになるにつれて、戦略家が行なう示唆に富む客観的な分析や判断によって、リスクは現れてくる。

しかし、戦略家の最善の努力にもかかわらず、判明したリスクの蓋然性と重大度の両方は、単に起こりそうだという程度のものである。

したがって、戦略家は、リスクの蓋然性と重大度の両方を評価するスキームを考察し、意思決定者が考慮する各リスクを特徴付けるためにそのスキームを使用することが重要である。

戦略家は、戦略に対するリスクと戦略からもたらされるリスクの両方について評価しなければならない。戦略に対するリスクとは、戦略を失敗させてしまうリスクで、リスク軽減措置とともに戦略を策定する過程で明らかになる場合が多い。また、対象国などの態度からもたらされる可能性もある。

戦略からもたらされるリスクとは、その戦略を実行することによってもたらされる新たな脅威、または望ましくない結果からくるものである。いずれの場合も、リスクは、全体または部分的に無効であることが証明される仮定に起因することが多い。

米国が2003年に（サダム・フセインの）政権交代を政治的な目的としてイラクに侵攻した時、この戦略に対するリスクは、米国侵攻によってイラク国内の民衆の反発が反乱に結びつくかもしれないということであった。同時に、米国の戦略からもたらされる明確なリスクは、侵略によるイラクの弱体化により、今度はイランがこの地域でより強い地位を確立させてしまうのではないかというリスクであった。結局、米国の意思決定者はこれらの見通しを割り引き、それら（イランの台

頭）を軽減することはできなかった。

実行可能性の評価

　戦略策定のプロセスを通じて、戦略家は戦略の実行可能性を継続的に評価しなければならない。複数の要因が戦略の見通しに影響を与える可能性がある。国家安全保障戦略の実行可能性を評価するために、戦略家は「ビリティ・テスト」を用いるべきである（訳注：ビリティ・テストとは、適合性〔suitability〕、実現可能性〔feasibility〕、望ましさ〔desirability〕、受容性〔acceptability〕、持続可能性〔sustainability〕という＿bilityが語尾につく観点から戦略を評価する手法のことである）。

　同テストを用いることによって、複数の見通しのきく視点から戦略の評価を容易にできる。戦略家は、戦略が焦点とする国益を擁護/増進させ、反対にほかの国家レベルの戦略、政策、目標に対しては働かないようにするという適合性（suitability）を検討することから始めるべきである。大まかに言えば、国家の全体的な利益にその戦略は適っているか、ということである。

　２番目にフィージビリティ・テストである。戦略が政治目的を達成するために、合理的にとり得る実現可能性のある（feasibility）道筋を提示できるかどうかである。政治目的を達成するのに十分で適切なタイプの手段が利用可能なのかを見極めねばならない。

　戦略が適切で実現可能であっても、戦略家は期待される利益が予想コストを上回るかどうかといった望ましさ（desirability）も判定する必要がある。望ましいと判断するためには、戦略は、期待される結果だけでなく、それを得るために費やされるすべてを超えて価値のあるものを提供しなければならない。

　４番目に受容性（acceptability）のテストがくる。行動計画は、国家の価値観、国民感情、国内の懸念、同盟国やパートナー国の利益、政治指導者の個人的な目標と合致しているかということだ。同じく、重

要なことに、戦略は法的に受け入れられるものであるか、という点である。この戦略が正当性を必要としているならば、正当性が存在しないか、今後存在しない可能性がある場合、その実行可能性は大幅に低下する。

　最後に、持続可能性（sustainability）のテストである。必要なレベルの資源、政治意志と支持、そして国民の支持は、政治目的を達成するのに十分な期間持続することができるだろうか、ということだ。

　戦略家は、戦略策定のプロセス全体を通して、これらの基本的な実行可能性のテストを継続的に実施する必要がある。実行可能性の評価は、一般的に程度の問題である。テストのいずれかに対する答えが決定的な「いいえ」である場合、戦略家は、より実行可能性の高い別の戦略アプローチを検討する必要がある。

レッド・チーミング

　戦略ロジックのプロセスを通じて、特に評価段階では、レッドチーム（訳注：敵の役割を演じるグループ）を活用して、問題、主要な仮定および提案された戦略のほかの重要な要素に関して、対象国の観点からクリティカルに考えることは不可欠である。

　統合参謀本部文書5-0「統合計画（Joint Planning）」にあるレッド・チーミングに関する論点は、レッド・チーミングの活用が戦略ロジックを研ぎ澄まし、戦略策定プロセスを改善するのに大いに有益であることを如実に物語っている。(16)

方針の修正

　国家などが戦略を実行に移すと、その戦略の進捗状況を頻繁に評価する必要がある。どの戦略も無謬ではいられないからだ。結局のとこ

ろ、それぞれが仮定という不確定な基盤の上に構築されているからである。それらの仮定の一部（おそらく多く）はある程度欠陥が内在していることを肝に銘じておかなければならない。

　最も影響が大きい仮定とは、敵対者が戦略のさまざまな側面にどのように反応するかについての判断に関するものである。敵対者は自己の論理に沿って行動する。そして、彼らの利益に反しているかのように見える方法も含めて、予期せぬ方法で対応してくるおそれがある。仮定が間違っているか、無効になっているようであれば、戦略家は戦略の目的、手段および、または方法を新たな状況に適応できるように調整しなければならない。

　さらに、敵対者は戦略遂行においては受け身ではなく、能動的な相手であると認識すべきである。したがって、敵対者は、当方にフラストレーションを加えたり、当方の成功を妨げたりして、自己の利益を最大化するためになし得る限りのことをする、と覚悟すべきである。

　ドイツのヘルムート・フォン・モルトケは作戦計画について、「敵と最初に接触することによって、（当初の）計画は消滅してしまう」と喝破している。この言葉は、戦略に関する本質的な真実を捉えている。戦略が発動されるとすぐさま、状況はさまざまな形に変化する。相手は自己の戦略を有する戦略的なアクターでもある。したがって、戦略の実行とは、ある意味では２つ以上の戦略が競合し、どちらのアクターが相手に対して最も効果的に戦略を適応できるかの競争であるともいえる。

　したがって、戦略の実行を成功させるには、敵対者の行動に対して常に対応する必要がある。戦略状況が変転するなかで、戦略家は分析をそのつど見直さなければならない。そうすることによって、包括的かつタイムリーに何がいま最も大事であるかを把握することにより、戦略を確実に進捗させることができる。

　顕著な状況の変化がひとたび生起すれば、戦略家は、新たな現実に適合させるために、戦略の目的、手段および、または方法を再調整する必要が出てくる。戦略が進捗するにつれて、戦略家は政治目的が達

成できるか否かの見通しについて継続して評価しなければならない。

　仮に、その見通しが明るくない場合、あるいはさらに悪化している場合、代替の行動方針を検討する必要が出てくる。そのためには、新たな政治目的を定義し、新規または追加の手段を準備し、新たな戦略アプローチを策定するか、あるいはそれまでの努力をすべて放棄しなければならない。

　目的、手段および、または方法を変更するのは困難をともなう。武力が使用された段階では、目的を縮小させることはさらに難しくなる。歴史が教えているように、人命を失い、その犠牲が無駄であったと認識されないように、政治目的を穏健化または変えることは非常に困難となる。しかし、戦略を再評価する必要があるかどうかの主な判断考慮要因は、それが許容可能なコストで所望の政治目的を達成しているかどうかにかかっている。

　戦略家や政治・軍指導者が政治目的が達成されずにコストが回収できないと決断した場合には、いかに苦痛をともなうものであろうとも、政治目的を変更し、それを支える戦略をも変更する時機が到来しているということである（訳注：ロシアのウクライナ侵略においては、当初、キーウ近郊まで侵攻してウクライナ全体の非武装・中立化を目指したと考えられる。しかし、その後、キーウへの攻勢がとん挫すると、作戦の目的を東部2州の平定に転換したように思われる事象が生起した。政治目的とそれを支える戦略の変更を余儀なくされた一例であると言えよう）。

第7章 結 論

　現代の戦略環境は、かなりのスピードで進化しており、重大な課題を抱えている。ソ連の崩壊は、戦略環境を二極化の考慮事項によって支配されていたものから、多極化の課題に移行する環境に変化させた。

　情報技術とその処理の急速な進歩によって突き動かされてきたグローバル化は、国際関係の力関係を大きく変化させている。長い間抑圧されてきた民族・宗教・個人による紛争は、国内および国家間の暴力の増加をもたらした。テロ、内戦、分離運動および取り返しのつかない行為は、既存の国家や地域の秩序を破壊するおそれがある。

　世界は、第2次世界大戦後の国際秩序を一層損なう恐れのあるナショナリズム、ポピュリズムなどの復活を目の当たりにしてきた。最近では、修正主義大国が興隆し、既存の秩序と米国の優越に挑戦し始めている。

　同時に、戦争の性格は急速な技術の進歩と社会的混乱によって急激に変化している。米国の戦略家にとって冷戦時代の包括的な戦略的概念である「封じ込め」に頼る時代は、遠い昔のことになってしまった。

　戦略的思考は、進展する戦略環境に対して適応していかなければならない。戦略的課題は千差万別である。個々の状況を徹底的かつ包括的に、そして、洞察力をもって分析することが求められている。当方のみならず、敵対国や同盟国をも含む利害得失、資源、能力に関する客観的な評価に基づき、現実的な政治目的と具体的目的を定義することが求められている。敵対者が当方の戦略に対抗したり、イライラさせたりしようとする可能性のあるすべての方法を考慮する、創造的で一貫した戦略アプローチの作成が必要なのである。

　戦略的な成功のための最善の「保険」は、戦略ロジックの5つの基

本を徹底して、体系的に、そして戦略的に考えることに尽きる。戦略家は、戦略ロジックの各要素に内在する問題を解決するために行なわれた各判断と決定が、以前に行なわれたすべてのものに適合し、論理に齟齬がないようにすべきである。

　重要なことは、戦略家は結果を過早に判断してはいけないし、最初からいきなり望ましい戦略アプローチを決めつけてしまわないことだ。ましてや、その戦略アプローチを正当化するために戦略ロジックを恣意的に操ってはいけない。戦略家は、戦略ロジックの客観的な適用が採用すべき最善の戦略アプローチであることを明らかにしなければならない。

　優れた戦略家は、戦略というものが2人以上のゲームであることを肝に銘ずるべきである。すべての戦略は、事態がどのように展開するかについて、常に主導権をもって自分の意志に基づき、能動的に判断する敵に対して働かせなければならない。

　自己の目標は、相手の強みを弱め、相手の戦略アプローチにフラストレーションをもたらす方法を見つけることにある。たとえ力の差が圧倒的に我が方に優位であっても、それは成功を保証するものではない。

　優勢な国家は、有能で決意が固く創造的な敵対国から常に学んできた。そして、その敵対国は、優勢な相手に対しても互角になるように創意工夫して、相手の力を弱め、自己の力を最大化してきたのだ。

　最後に、戦略家は、強みと梃子を自ら創造できるならば、どのような結末が妥当で、かつ達成可能であるかを常に検討しておかなければならない。それ以上のメリットを得ようとすれば、それは一見どんなに望ましく見えるものであっても、戦略的には愚かなことである。それを得ようとすれば、通常得られる利益よりもはるかに多くのコストがかかるものであるからだ。

　戦略的な愚かさを回避する最善の方策は、戦略ロジックを厳格に適用するとともに、十分に教育訓練を受けている経験豊富な専門家やリーダーたちを持つことである。これはおそらく、学生がNWCでの経験の中から修得する最も重要な教訓であろう。

付録A

1. 戦略状況の分析

- ストーリーは何か？ 問題を明確にせよ。
- 国際および国内状況を評価せよ。
- 既知、重大な未知数および主要な仮定（自己、他者、環境など）を特定せよ。
- あるとすれば、どのような国益が危機に瀕しているか？ 個々の国益はどの程度死活的なのか？
- 脅威と機会、そしてそれらの国益との関係を決定せよ。
- 脅威はどの程度差し迫っているのか？ 機会はどの程度顕著なのか？

2. 所望の目的を定義する

A. 政治目的

- 表明され暗示される政治目的：所望のエンドステートと成功を定義せよ。成功はどのようなものか？
- 考えられる制約事項（政府内、国内、国際、メディアなど）は何か？

B. 具体的目的

- 政治目的を実行可能な目的に変換できるか？
- 所望の政治目的を達成するためにリーズナブルなコストで達成可能な具体的目的を明らかにせよ。
- 目的に優先順位を付けよ。

3. 手段を特定し策定する

- 目的を達成するために必要な力の道具（DIME）を特定せよ。
- 機関の能力/制限に関する仮定を設けよ。
- モラル、意志および利用可能な時間を含むすべてのアクターでつ

かみどころのないものは何か？

4. 方法をデザインする

- 基本的な戦略アプローチを定めよ。道具をどのように組み合わせるか明確にせよ。関連する目標は順次にまたは同時に追求するのか？
- 行動様式を検討せよ。
- さまざまな国力の道具を指揮する機関を指定せよ。
- 最も可能性の高い制約事項は何か？　戦略アプローチは制約事項を考慮に入れているか？

5. コスト、リスクおよび結果を評価する

- 起こりそうなコストとメリットは何か？　それらは追跡/測定できるか？
- 戦略に対するリスクと戦略からもたらされるリスクを含んで、最も蓋然性の高いリスクは検討され、抑え込めるか？
- 実行可能性の評価。戦略アプローチは、適合性、実現可能性、望ましさ、受容性、持続可能性の観点から評価せよ。
- 最も重要な仮定は何か？　仮定が間違っていた場合の結末は？正当化するメカニズムは何か？
- 成功は、長期的な政治的影響にどのように作用するか？

レッド・チーミング

- 同盟国、中立国、対象国の政治目的、基礎となる根拠および具体的目的に関する仮定を設けよ。
- 目的達成に必要な対象国の国力の道具を特定せよ。その主要なものは1つもしくは複数か？
- 対象国の道具に関する能力/限界に関する仮定を設けよ。
- 対象国にとっての最も可能性が高く、最も危険な行動方針は何か？　我の戦略はそれを凌駕するか？

付録B
国家安全保障戦略モデル（目的・方法・手段の関連）

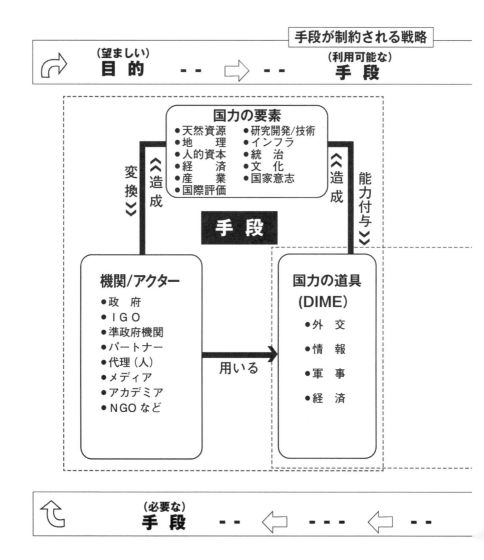

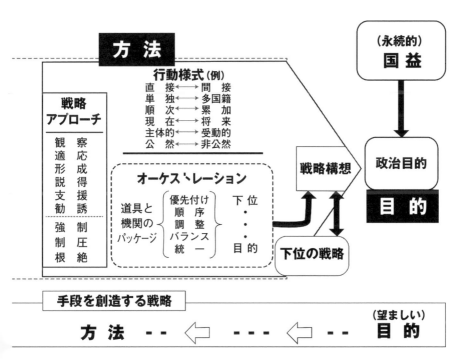

方法 - - $\Rightarrow$ - - **目 的** (実行可能な)

方 法

行動様式 (例)
直　接 ←――→ 間　接
単　独 ←――→ 多国籍
順　次 ←――→ 累　加
現　在 ←――→ 将　来
主体的 ←――→ 受動的
公　然 ←――→ 非公然

戦略
アプローチ

観　察
適　応
形　成
説　得
支　援
勧　誘

強　制
制　圧
根　絶

オーケストレーション

道具と
機関の　順　序　下　位
パッケージ　調　整
優先付け
バランス
統　一　目　的

戦略構想

下位の戦略

(永続的)
国　益

政治目的

目 的

手段を創造する戦略

方 法 - - $\Longleftarrow$ - - - $\Longleftarrow$ - - **目 的** (望ましい)

脚 注

序言

（1）戦略にはさまざまな定義がある。NSSプライマー全体を通して、戦略の定義を「戦域、国家および、または多国籍の目的を達成するために、国力の手段を整合的かつ統合された方法で採用するための思慮深いアイデアまたは一連のアイデア」として、導かれている。詳しくは次を参照。*DOD Dictionary of Military and Associated Terms* (Washington, DC: The Joint Staff, April 2019), 220, available at <https://fas.org/irp/doddir/dod/dictionary.pdf>

（2）NSSプライマーに関心の高い読者は次の米軍ドクトリンノートとかなりの重複があることに気付くであろう。Joint Doctrine Note (JDN) 1-18, Strategy (Washington, DC: The Joint Staff, April 25, 2018)。NSSプライマーとJDN 1-18の最初の著者は共通で、統一された形でスタートした。草案の作成、編集、調整の過程で、軍事戦略に焦点を当てたJDNとNSSプライマーを分割する必要性が明らかとなった。NSSプライマーは、JDNを補完することを目的としており、学生は軍事戦略に関するJDNのガイダンスを国家安全保障戦略の全体像に適合させることができる。

第1章

（3）Carl von Clausewitz, *On War,* ed. and trans. Michael Howard and Peter Paret (Princeton: Princeton University Press, 1976), 102.

（4）過去の17の米国国家安全保障戦略は次の国家安全保障戦略アーカイブで入手可能。<http://nssarchive.us> このサイトには、下位の戦略（国家防衛戦略と国家軍事戦略）へのリンクも含まれている。同サイトは、米国政府または外国政府とは無関係の国家安全保障コンサルティング会社であるテイラー・グループによって維持運営されている。米国政府内では、幅広い課題をカバーする多くの国家戦略が策定されている。たとえば、テロ対策のための国家戦略は次を参照。(Washington, DC: The White House, June 2011)<https://obamawhitehouse.archives.gov/blog/2011/06/29/national-strategy-counterterrorism> そして、北極圏の国家戦略は次を参照。(Washington, DC: The White House, May 2013) <https://obamawhitehouse.archives.gov/sites/default/files/docs/nat_arctic_strategy.pdf>. これら下位の戦略は、国家安全保障戦略に関連したり、補助的なものであったり、機能別および地域別の戦略のことである。多くの場合、それら下位の戦略は、国家安全保障戦略よりもさらに詳細に国益を明らかにする。そして、それらは厳密にNSSに従属するものではないものの、一般的にNSSで示される方向性と合致している。

（5）Harry R. Yarger, "Towards a Theory of Strategy: Art Lykke and the Army War College Strategy Model," in U.S. *Army War College Guide to National Security Issues, Volume 1: Theory of War and Strategy,* ed. J. Boone Bartholomees, Jr. (Carlisle, PA: U.S. Army War College, June 2008, 3rd ed.), 45.

第2章

（6）Richard P. Rumelt, *Good Strategy, Bad Strategy: The Difference and Why It Matters* (New York: Crown Business, 2011), 79.

第3章

（7）戦争、政策および政治の関係を議論する際に、クラウゼヴィッツは政治目的（時には政治目標として翻訳される）を国家レベルの目的として特定する。たとえば、彼は「政治目標はゴールであり、戦争はそれに到達する手段であり、手段はその目的から切り離して考えることはできない」と述べている。次を参照。See Clausewitz, On War, 87. The conception of political aim used herein follows Clausewitz's general logic, though we refer to all means available to a nation, not just war.

第4章

（8）「国力の要素」は「力の相関関係」と表現されることもある。

（9）図には含まれていないが、現代の環境においては、データは国力の要素とも見なされる。

（10）DIMEモデルは、国力の道具をとらえるためのいくつかのアプローチの1つである。DIMEは、米軍統合ドクトリンや他国の様々なドクトリンにおいても使用されている。ほかにも一般的な頭字語としてDIMEFILがある。これは外交、情報、軍事、経済、金融（financial）、諜報（intelligence）、法執行機関（law enforcement）としての国力の道具を表している。ドクトリンと整合させて、NSSプライマーではDIME内に「FIL」を組み込んでいる。

（11）主な例外は、統合軍司令官の指揮下にある軍人である。次を参照。*Foreign Service Act of 1980,* Public Law 96-465, 96th Cong. 2nd sess., October 17, 1980.

（12）Fenn Osler Hampson and William I. Zartman, The Global Power of Talk: Negotiating America's Interests (Boulder, CO: Paradigm Publishers, 2012), 3.

（13）類似の用語を共有しているが、ここに提示された軍事に関する3つの要素（武力、武力による威嚇および軍事支援）は、統合教範(JP)3-0で概説されている米軍が行使する軍事作戦の範囲と同義ではない。これらの作戦は、一般に、武力、武力による威嚇および軍事支援の概念的な範囲内にあるが、軍隊によって実行されるが、軍事手段の適用を表していない活動も含まれる（国内の災害派遣、海外での法執行・人道支援活動およびある種の海外支援/活動）。次を参照。JP 3-0, *Joint Operations* (Washington, DC: The Joint Staff, January 17, 2017, Incorporating Change 1, October 22, 2018).

（14）これら2つの形態の強制（coercion)の区別に関する古典的な議論は、次を参照。Thomas C. Schelling, *Arms and Influence* (New Haven: Yale University Press, 1966) 69–78.

（15）Thomas J. Wright, *All Measures Short of War: The Contest for the 21st Century and the Future of American Power* (New Haven: Yale University Press, 2017), 27.

第6章

（16）次を参照。JP 5-0, *Joint Planning* (Washington, DC: The Joint Staff, June 16, 2017), K-1–K-7.

用語解説

評価（assessment）

　戦略に関して、国内外におけるコストとリスクを評価することにより構成されるもの。

　● コスト（Costs）：戦略を実行するために必要な対価、財務的またはその他の方法によるもの。コストには、死亡、資源、費用、罰則、名声および/または機会の損失が含まれる。

　● リスク（Risks）：戦略を設計するうえで、首尾よくいかなかったり、戦略的に不利になったりする可能性があること。リスクは、戦略に対峙する相手またはおそらく第三者の反応の仮定と、その実際の反応との間の相違に関連することが多い。

　● 戦略の実行可能性を評価するには、それが適切か、実行可能か、望ましいか、許容できるか、そして持続可能かどうかを判断することが含まれる（「＿＿＿＿ility テスト」という）。＿＿＿＿ility テストは、戦略の設計に欠陥があるか示唆してくれるものである。

　● 適合性（Suitability）は、戦略が国益に役立ち、ほかの国家レベルの戦略、政策および目標と合致しているかどうかにかかる。

　● 実現可能性（Feasibility）は、政治目的が現実的に達成可能かどうか、および政治目的を達成するために十分な手段と時間が利用可能か、または達成可能かどうかを確認する。

　● 望ましさ（Desirability）は、戦略に関する計画が望ましい政治目的と合致するかどうかである。実行に際して期待される利益は予想されるコストを上回るか。

　● 受容性（Acceptability）は、国家の価値観、国民の気分、国内の懸念（政治的またはその他）、法的制約およびパートナーの利害と戦略が一致しているかどうかを決めるものである。

　● 持続可能性（Sustainability）は、戦略環境の潜在的な変化に直面しても、資源と国民の支持が政治目的を達成するのに十分長く耐えることが

できるかどうかを考慮する。

仮定 (assumption)
　事実として扱われるものの、それが証明されていない主張のこと。首尾一貫した効果的な戦略を生み出すためには、戦略家は知識のギャップを仮定によって補う必要がある。戦略は、相手の能力、国益、意図、国際情勢のダイナミックスおよび国内状況の最も重要な側面についての仮定に満ち溢れている。仮定は、自己の利益に対して認識される脅威や潜在的な行動の原因と結果を定義するのに役立つ。

条件 (condition)
　現在または望ましい状態のこと。

制約 (constraint)
　戦略的な行動の自由を制限する有形および無形の要因のこと。 制約には、不十分な手段または利用可能な手段に対する政治的制約が含まれる。法的、政治的、規範的な考慮事項も戦略を制約する可能性がある。

コンテキスト (context)
　国家安全保障戦略の策定または実施に影響を与える国際的、地域的または国内的な要因のこと。コンテキストには政治的な問題を含めることができる。歴史的な出来事、文化的、宗教的、民族的または部族的な要因、社会的規範と構造など、戦略家の仕事に影響を与える可能性のあるほとんどすべてのもの。

国力の要素 (elements of power)
　国家または非国家主体の力が構築され、維持される有形および無形の要素。国力の要素に定番のリストはないが、とりわけ、経済、地理、ガバナンス、人的資本、産業、インフラストラクチャ、国際的な評判、国家の意志、天然資源、および研究開発/技術が含まれる。永続的で実行可能な戦略的選択肢を持つためには、国家/アクターは国力の要素を維持、保存、または構築する必要がある。

目的（ends）
　政治目的とその従属的な目的を含む包括的な総称のこと。

基本的な戦略的アプローチ（fundamental strategic approaches）
　望ましい政治目的を達成するために国力の手段を適用するための一連の戦略的アプローチのこと。
　そのアプローチの幅は、何も行動を起こさないことから相手を根絶させることまで、広範囲に及ぶ。
- 観察：ほかの方法を用いて行動することなく、ただ監視すること。
- 適応：ライバルの要求/希望に同意すること。
- 支援：他の国際的なアクターに対する能力の付与、支援、またはその他の方法で強化すること。
- 形成/シェイプ：将来の行動をより有利にし、または助長することを狙いとして、戦略環境を調整するために行動を起こすこと。
- 説得：議論の力を通してほかのアクターを説得すること。
- 勧誘：ほかの国際的なアクターに望ましい反応があるように、何か前向きなことを約束したり提供したりすること。
- 強制：ほかの国際的なアクターの行動に影響を与えるために否定的な行動を取ること、または脅迫すること。抑止は、現状を変更しようとする敵に対して、否定的な結果をもたらすと脅す強制の一形態である。強制（Compellence）は、現状を維持しようとする敵に対して、否定的な結果をもたらすと脅す別の形態の強制である。
- 制圧：武力を用いてほかのアクターを自発的または非自発的に降伏させること。
- 根絶：政府、イデオロギー、経済、軍事などを含めて、ほかの国際的なアクターを破壊すること。

機関とアクター（institutions and actors）
　国家安全保障の戦略家が戦略の政治目的を確保するために依存している組織、構造および個人のこと。政府機関とその職員は、通常、ほとんどの戦略を設計および実行する機関である。ほかの非政府組織およびアクターは、特定のタスクを実行するのにより適している可能性がある。

国力の道具 (instruments of power)

国力の道具には、外交、情報、軍事、経済（DIME）が含まれる。それぞれの道具には、独自の性質や本質、そして特有の機能と限界を有している。

手段 (means)

望ましい目的を達成するために存在するか、開発する必要があるリソースと能力のこと。国家安全保障戦略における手段には、次の３つが相互に関連する。国力を維持する資源、人的資本、産業などの国力の要素。大統領、議会、国連などの国力の道具を用いる機関/アクター。そして、国力の道具そのもの、すなわち外交、情報、軍事、経済。

行動様式 (modes of action)

国力の道具が、望ましい従属的な目的/政治目的を達成するためにどのように使用されるかに関する一連の二者択一的な戦略的オプションのこと。戦略家は、戦略的概念を実装するために、さまざまな潜在的なモードを検討する必要がある。戦略家は、特定のモードが戦略的状況に適合し、政治目的とその下位の目的を達成し、許容可能なレベルのコストとリスクで利用可能な手段をもって達成できるかどうかを検討する必要がある。行動様式の例としては、直接/間接、単独/多国籍、順次/累加、行動/メッセージ、攻撃/防御、アクティブ/パッシブ、公然/非公然などがある。

国益 (national interests)

基本的で永続的な国家の価値のこと。国益はさまざまな解釈の対象となる。戦略家は、国が試練に直面している際には、危機に瀕している国益を正確かつ簡潔に定義する必要がある。この入門書の目的上、国益というものは特定のまたは達成可能な最終状態を指すものではない。国益は野心的であり、永続的に追求すべきものである。したがって、国益は、具体的な条件である政治目的とは異なるものである。

国家安全保障会議 (NSC) とNSCスタッフ (National Security Council and NSC Staff)

NSCは、国家安全保障および外交政策の問題を検討し、国家安全保障担当

上級補佐官および行政府官僚と調整するための大統領の主要なフォーラムである。国家安全保障担当上級補佐官が率いるNSCスタッフは、ホワイトハウス内で大統領の国家安全保障および外交政策スタッフを務めている。

米国の国家安全保障戦略 （National Security Strategy of the United States）

1986年ゴールドウォーター・ニコルズ国防省再編法によって義務付けられている文書のこと。それは米国の広範にわたる国家安全保障戦略を概説しているものである。

国家安全保障戦略 （National Security Strategy）

国益を擁護または増進する目的を達成するために、国力の道具（外交、情報、軍事および経済）を確立し、適用し、そして調整する学術のこと。

国益を促進する機会 （opportunity to advance national interest(s)）

1つまたは複数の国益の進歩を可能にする戦略的コンテキストに存在する有利な一連の状況のこと。機会は、国益に対する脅威の解決の成功とは無関係に存在する。戦略家は、機会と脅威への対処から得られる利点を混同してはならない。

オーケストレーション （orchestration）

国力の道具を用いて政治的な目標を達成するための論理的で首尾一貫した戦略的な計画のこと。戦略的な計画は、目標に優先順位を付け、行動を順序立て、道具を調整して、目的を超えて機能しないようにし、道具と目的の間で限られたリソースのバランスをとる。オーケストレーションでは、多くの場合、複数の道具の統合が必要となる（たとえば政府全体のアプローチ）。

政治目的 （political aim）

国家安全保障戦略の望ましい最終的な状態のこと。政治目的は、戦略家が危機に直面している国益を維持、擁護および、または増進すると信じる結果を定義する。政治目的は明確で達成可能な目標であるため、名詞と形容詞を使用して定義するのが最適である。たとえば「安定した安全なイラク」。戦略家は、包括的な政治目的、つまり望ましい結果が国益を維持または増進

することを確実にする必要がある。

問題の明示 (problem statement)
　戦略的な脅威または機会が注目に値する理由を簡潔に要約したもの。問題の明示は、国益に対する問題を明示的に関連付け、脅威/機会が国益にどのように影響するかを簡潔に表現することが必要である。問題の明示を作成することは、脅威/機会が、管理できなくなるほど広範になることを防ぐのに役立つ。

具体的目的 (specific objectives)
　政治目的で想定される最終的な状態を生み出す具体的な成果のこと。具体的目的は、通常、「ロシアの侵略を阻止する」や「セルビア人の民族浄化を停止させる」などの動詞や副詞で構成される。具体的目的の重要な点は、方法や手段について言及することなく、正確さと簡潔さで表すことにある。

戦略ロジック (strategic logic)
　国家安全保障戦略を策定し、調整するために必要な論理のこと。戦略ロジックでは、次の5つの基本要素を適用する必要がある。
- 戦略状況の分析(試練とその中身)
- 望ましい目的を定義する。最初に包括的な政治目的を確立し、次にそれを達成するための具体的目的を定義すること。
- 実現するために必要な手段(リソースと能力)を特定し、確立する。
- 望ましい目的を達成するために、手段を用いる方法を設計する。
- 戦略に関連するリスク/コストを評価する。この際、一貫性のテストと「＿＿＿ility」テストを行なう。

国益に対する脅威 (threats to national interest(s))
　1つ以上の国益を危険にさらす戦略的な状況のこと。脅威は国益に関連してのみ発生し、簡潔で首尾一貫した方法で定義する必要がある。

実行可能性 (viability)
　「＿＿＿ility」テストによって導き出された全体的な評価のこと。

方法（ways）

　戦略家がいかに政治目的と従属目的を達成するかということ。手段は、何をもって行動を起こすかという問題に焦点を当てるが、国家としての方法は、それらの手段がどのように使用されるかという点に注目する。

主要な参考文献

Art, Robert J., and Kelly M. Greenhill. *The Use of Force: Military Power and International Politics.* Lanham, MD: Rowman & Littlefield, 2015.

Art, Robert J., and Kenneth Neal Waltz. *The Use of Force: Military Power and International Politics.* Lanham, MD: Rowman & Littlefield, 2009.

Beaufre, André. An Introduction to Strategy: *With Particular Reference to Problems of Defense, Politics, Economics, and Diplomacy in the Nuclear Age.* New York: Praeger, 1965.

Blainey, Geoffrey. *The Causes of War.* 3rd ed., 1st American ed. New York: Free Press, 1988.

Brands, Hal. *What Good Is Grand Strategy? Power and Purpose in American Statecraft from Harry S. Truman to George W. Bush.* New York: Cornell University Press, 2014.

Cerami, Joseph R., and James F. Holcomb. *U.S. Army War College Guide to Strategy.* Carlisle Barracks, PA: Strategic Studies Institute, 2001.

Clausewitz, Carl von. *On War.* Ed. and trans. Michael Eliot Howard and Peter Paret. Princeton: Princeton University Press, 1976.

Collins, John M. *Grand Strategy: Principles and Practices.* Annapolis: Naval Institute Press, 1973.

———. *Military Strategy: Principles, Practices, and Historical Perspectives.* Washington, DC: Brassey's, Inc., 2002.

Deibel, Terry L. *Foreign Affairs Strategy: Logic for American Statecraft.* New York: Cambridge University Press, 2007.

Earle, Edward Mead, Gordon Alexander Craig, and Felix Gilbert. *Makers of Modern Strategy: Military Thought from Machiavelli to Hitler.* Princeton: Princeton University Press, 1943.

Evans, Graham, and Jeffrey Newnham. *The Penguin Dictionary of International Relations.* London: Penguin Books, 1998.

Freedman, Lawrence. *Strategy: A History.* New York: Oxford University Press, 2013.

George, Roger Z., and James B. Bruce. *Analyzing Intelligence: Origins, Obstacles, and Innovations.* Washington, DC: Georgetown University Press, 2008.

Gilpin, Robert, and Jean M. Gilpin. *Global Political Economy: Understanding the International Economic Order.* Princeton: Princeton University Press, 2001.

Gow, James. War and War Crimes: *The Military, Legitimacy, and Success in Armed Conflict.* New York: Columbia University Press, 2013.

Gray, Colin S. *Modern Strategy.* New York: Oxford University Press, 1999.

Howard, Michael. "The Forgotten Dimensions of Strategy." *Foreign Affairs* no. 5 (1979), 975.

Kahneman, Daniel. *Thinking, Fast and Slow.* New York: Farrar, Straus and Giroux, 2011.

Harlow, Giles D., and George C. Maerz. *Measures Short of War: The George F. Kennan Lectures at the National War College, 1946–47.* Washington, DC: NDU Press, 1991.

Kennedy, Paul M. *The Rise and Fall of the Great Powers.* New York: Random House, 1987.

Liddell Hart, Basil Henry. *Strategy.* 2nd rev. ed. New York: New American Library, 1974.

Lykke, Arthur F. "Defining Military Strategy." *Military Review* 77, no. 1 (January 1997), 182.

Martel, William C. *Grand Strategy in Theory and Practice: The Need for an Effective American Foreign Policy.* New York: Cambridge University Press, 2015.

Morgenthau, Hans Joachim. 5th rev. ed. and reset. *Politics Among Nations: The Struggle for Power and Peace.* New York: Knopf, 1972.

Murray, Williamson, MacGregor Knox, and Alvin H. Bernstein. *The Making of Strategy: Rulers, States, and War.* Cambridge: Cambridge University Press, 1994.

Nye, Jr., Joseph S. *The Future of Power.* New York: Public Affairs, 2011.

Organski, A.F.K., and Jacek Kugler. *The War Ledger.* Chicago: University of Chicago Press, 1980.

Paret, Peter, Gordon Alexander Craig, and Felix Gilbert. *Makers of Modern Strategy: From Machiavelli to the Nuclear Age.* Princeton: Princeton University Press, 1986.

Rosecrance, Richard N., and Arthur A. Stein. *The Domestic Bases of Grand Strategy.* Ithaca, NY: Cornell University Press, 1993.

Rumelt, Richard P. *Good Strategy, Bad Strategy: The Difference and Why it Matters.* New York: Crown Business, 2011.

Sanger, David E. *The Perfect Weapon: War, Sabotage, and Fear in the Cyber Age.* New York: Crown, 2018.

Schelling, Thomas C. *Arms and Influence.* New Haven: Yale University Press, 2008.

Singer, P.W., and Emerson T. Brooking. *Likewar: The Weaponization of Social Media.* Boston: Eamon Dolan/Houghton Mifflin Harcourt, 2018.

Treverton, Gregory F., and Edward Sylvester Ellis. *Measuring National Power.* Santa Monica, CA: RAND, 2005.

Worley, D. R. *Orchestrating the Instruments of Power: A Critical Examination of the U.S. National Security System.* Washington, DC: Potomac Books, Inc., 2015.

Wright, Thomas J. *All Measures Short of War: The Contest for the Twenty-First Century and the Future of American Power.* New Haven: Yale University Press, 2017.

Yarger, Harry R. "Toward a Theory of Strategy: Art Lykke and the Army War College Strategy Model." Chapter 8 in *Guide to National Security Policy and Strategy.* 2nd ed. Carlisle Barracks, PA: Strategic Studies Institute, 2006.

Zarate, Juan Carlos. *Treasury's War: The Unleashing of a New Era of Financial Warfare.* New York: Public Affairs, 2013

第3部 適用編

NSSプライマーで読み解く
プーチンとゼレンスキーの戦略

（磯部晃一）

ロシアの政治目的と作戦目標は適合していたか？

　第3部では、ロシアによるウクライナ侵略に関して、『国家安全保障入門（A National Security Strategy Primer）』（以下、NSSプライマー）を参考にすれば、プーチン大統領が始めたこのウクライナ戦争をどのように解釈できるかを考察する。あわせて、ウクライナのゼレンスキー大統領の侵攻前後の言動から彼の戦略性についても読み解く。

　ロシアによる一方的なウクライナ侵略は、2022年2月24日に開始され、すでに1年半が経過した。2023年8月上旬の時点でも依然激しい戦闘が両軍の間で繰り広げられている。

　ロシアの侵略目的や作戦構想などはいまだ正式に公表された文書などはなく、推測の域を出ないのは否めない。

　しかしながら、プーチン氏はじめロシア政府および軍の要人の発言などから、その大要は把握することができる。資料は限られてはいるが、プーチン氏主導による今次侵略をNSSプライマーにある「政治目的」や「具体的目的」、さらにそれらの目的と軍事作戦の関係について分析を試みる。

　いずれ今次侵略に関する文書が公開され、それらの真実が明らかにされる日がくるであろう。筆者の分析がどれほど的を射ているかは知る由もない。それは歴史の判定に任せることにして、まずは、侵略前後の事実関係を追ってみよう。

ウクライナ侵略の経緯

侵略前の状況

　「戦争の亡霊が欧州に迫っている」。これは、2022年2月15日、ロシアによるウクライナ侵攻の9日前、英国のシンクタンク、英国王立防

衛安全保障研究所（RUSI）が公開したレポート『ウクライナ破壊の陰謀』[1]の冒頭の一文である。THE SPECTREと大文字で始まるこの「スペクター」には亡霊という意味に加えて、英国のスパイ映画『００７シリーズ』に出てくる邪悪な一味であるスペクターをも掛け合わせているのであろう。

　このレポートでは、ロシアが侵攻の１年ほど前から入念な計画を立てて、ウクライナ侵攻を企てていたことをロシアおよびウクライナの諜報関係者からの証言などにより明らかにしている。

　そのロシアの中心人物がドミトリー・コザク大統領府副長官（元副首相）であるとレポートは指摘している。彼は、プーチン氏が1990年代に現在のサンクトペテルブルク地方政府で頭角を現した頃からの盟友である。

　RUSIのレポートと各種報道からうかがえるロシアの侵攻準備は次のようなものになる。

　ロシアは2021年春頃から、10万人超とみられる部隊をウクライナ国境付近に集結させ、訓練を実施していた。秋になって、ロシア軍は本格的にウクライナ周辺に部隊を集結させ始めた。開戦直前には、15万人以上の兵力に達したと見積られている。

　さらに、ロシアはウクライナを窮地に追い込むために、冬に向けてエネルギー価格を高騰させる戦術をとるとともに、ウクライナ国内のロシア工作員やその協力者が諜報活動を本格化し始めた。

　ロシア連邦保安庁（FSB）のウクライナにある出先機関は、2021年７月には200人規模に拡大し、ウクライナにおける反ロシア勢力をあぶりだしていた。2022年１月には、FSBとロシア対外情報庁（SVR）が大規模なサイバー攻撃をしかけ、ウクライナの自動車保険会社から大量のウクライナ国民の個人データを窃取して個人を特定し始めた。

　２月15日のRUSIのレポートは、次の言葉で終わっている。

　　もし、ウクライナが倒れれば、ジョージア、モルドバおよびバル

カン諸国などより多くの国に同様の手法が指向されるであろう。西側諸国はロシアの多方面からの攻勢を防ぐために迅速に行動すべきである。ロシアが再編成して、さらなる行動をとらせないために、西側は断固たる制裁とその他の措置を講じて、時間を稼がねばならない。猶予の暇はない。(2)

　侵攻2週間前の2月10日には、ロシア軍とベラルーシ軍は、ウクライナとの国境に近いベラルーシ南西部の演習場において、合同演習「同盟の決意2022」を開始した。演習は20日までの日程で、外部からの攻撃やテロなどから防衛することを目的としたものであった。最新鋭の地対空ミサイルシステムS400も登場した。同演習は、19日に海外メディアにも公開され、攻撃してくる敵に対して反撃するという想定で、爆撃機による空爆や戦車部隊による砲撃が行なわれ、砲弾が着弾する映像が世界に配信された。

　同時に、ウクライナ南部に面した黒海では、2月10日にはクリミア半島にある軍港セバストポリに、黒海艦隊のみならずほかの艦隊の揚陸艦なども含めて集結した。(3)

　欧米諸国はじめ関係国による紛争回避の努力も続けられる一方で、2月18日、バイデン米大統領はホワイトハウスで緊迫するウクライナ情勢について演説した。その後の記者団の質問に対し、バイデン氏は「現時点で彼（プーチン氏）が決断したと確信している」と述べた。さらに「ロシア軍が数日以内にウクライナを攻撃しようとしていると信じる理由がある。標的はウクライナの首都キーウに侵攻するだろう」と明言した。(4) バイデン氏のこの発言に、国際社会は一気に緊張が走った。

　平和的な解決を目指す努力を反故にするロシア側の重要な政策決定が2月21日に行なわれた。同日、プーチン大統領は、モスクワ・クレムリンで国家安全保障会議の拡大会合を召集し、閣僚の意見を聴取した。議題は、ドネツク共和国とルガンスク共和国を国家承認するか否かであった。カメラの前で1人ひとり閣僚が緊張する面持ちで意見を

述べた。同安全保障会議は、最終的に両共和国の一部地域についての独立を承認し、プーチン氏は大統領令に署名した。(5) この２共和国の国家承認問題は、かろうじて保たれていた第２次ミンスク合意 (6) を踏みにじるものであった。

　フランスのマクロン大統領は、２月20日に行なわれたプーチン大統領との電話会談で、プーチン氏がマクロン氏の提案を受けて、ウクライナ情勢をめぐる米ロの首脳会談の開催に原則同意したと発表した。米ホワイトハウスも同日、バイデン氏がロシアが「侵攻しなければ」との条件付きで、米ロ首脳会談に合意したと発表した。米ロは当時、24日に対面の外相会談も予定しており、米ロ首脳の対話は、２月12日の電話会談以来の首脳による会談となるはずであった。(7)

　ところが、プーチン氏は22日、舌の根も乾かぬうちにウクライナ東部の親ロシア派支配地域への派兵という決定的な命令を下した。彼は演説の中で、ウクライナとロシアとの関係について「歴史、文化、精神的空間の切り離しがたい一部だ」と述べ、ウクライナを勢力圏に取り戻し、大国の復活を目指す自らの行動を正当化した。(8)

　ロシアのウクライナ東部への派兵決定に対して、ウクライナは最高会議（議会）での承認を経て、２月24日午前０時（ウクライナ時間）に非常事態宣言を発令した。親ロ派が一部地域を占領する東部２州ではすでに非常事態宣言を発令中であったので、ウクライナ全土に範囲を広げるものであった。(9)

　２月24日、ロシアはウクライナへの軍事侵攻を開始した。ウクライナ各地の軍事施設がミサイルなどにより攻撃されたほか、首都キーウの軍事施設に対してもミサイル攻撃が実施された。プーチン氏は、24日の午前５時30分（モスクワ時間）、ロシア国民に向けた国営テレビ演説で次のとおり述べている。

　「特別軍事作戦を実行することを決定した。ウクライナ政権によって８年間にわたり虐待やジェノサイド（集団虐殺）を受けてきた人々を保護することが目的だ。ウクライナの非軍事化と非ナチス化を目指す。ロシアを含む一般市民に対して血なまぐさい罪を犯した者たちを裁

く。ウクライナの占領は計画に含まれていない」(10)

「特別軍事作戦」の意味

　ここで、「特別軍事作戦」について、触れておこう。

　特別軍事作戦という用語は、あまり聞き慣れないものである。今次侵略の際に初めて使用されたのではないかと思われる。おそらく、これは戦争という言葉を用いずに、軍事力を用いた限定的な作戦を行なうという意味で使われたのであろう。

　第2次世界大戦後に国際連合が発足して以降、戦争という言葉を用いて戦争を開始することはほぼなくなった。国連憲章においては、自衛のための戦争は、安全保障理事会が国際の平和および安全の維持に必要な措置をとるまでの間、行使することができると解釈されている。しかし、自衛のため以外の戦争は国連憲章第2条第4項によれば、慎まなければならないとされている。要は、自衛のための戦争は許されるが、それ以外の侵略戦争は認められないということである。このため、プーチン氏は「特別軍事作戦」という言葉を用いて、侵略戦争とされることを回避しているものと解釈できる。

　ロシアは、侵攻から74日後の5月9日、世界がプーチン氏の発言に固唾をのんで注目するなか、第2次世界大戦の対ドイツ戦勝記念日を祝う大規模な軍事パレードをモスクワの赤の広場で行なった。

　プーチン氏は演説で特別軍事作戦は「唯一の正しい決定」だったとして、ウクライナ侵攻を正当化した。さらに彼は「北大西洋条約機構（NATO）は我々の話を聞こうとしなかった」とも述べ、ロシアとの対話を拒否した米欧に責任があるかのように非難の矛先をNATOに向けた。NATOによるウクライナへの軍事支援も非難した。「ネオナチとの衝突は避けられなかった」と持論を繰り返すばかりで、5月のこの演説は、新たに注目を引く発言はなかった。

　西側の一部では、ロシアが戦勢の挽回を期し、短期に侵略を終わらせるために、同記念日に合わせて総動員令をかけて戦争状態を宣言す

るのではないかとの観測が浮上していた。だが、5月9日の演説では
それらの言及はなかった。従来の「特別軍事作戦」との表現を維持し
た。一部地域の制圧などを挙げて具体的な戦果を誇示することもなか
った。[11]

　5月9日の演説からうかがえたのは、プーチン氏には大量破壊兵器
の使用をちらつかせることと部分動員や総動員令の発令以外にすでに
打つ手がなくなりつつあるという冷厳な事実であった。プーチン氏
は、侵攻から3か月が経過した時点で当初に掲げた「政治目的」を達
成できずに「特別軍事作戦」を継続する以外に打つ手がない状況にお
かれていた。

RUSIレポートの「ロシア勝利に至る複数のオプション」

　ここで興味深い図表「ロシア勝利に至る複数の道筋」を紹介しよ
う。これは、コザク大統領府副長官が1年間かけて練り上げたロシア
のウクライナ転覆工作の全体像といえるものである。この図の不思議
なところは「政治目的」であるべきところの右端の「目標」がすべて
異なっている点である。ロシアによるウクライナの連邦化から傀儡政

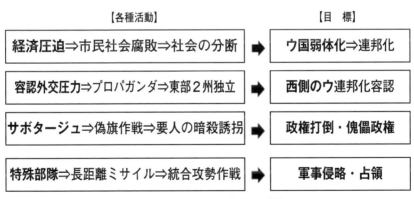

【各種活動】		【目　標】
経済圧迫⇒市民社会腐敗⇒社会の分断	➡	ウ国弱体化⇒連邦化
容認外交圧力⇒プロパガンダ⇒東部2州独立	➡	西側のウ連邦化容認
サボタージュ⇒偽旗作戦⇒要人の暗殺誘拐	➡	政権打倒・傀儡政権
特殊部隊⇒長距離ミサイル⇒統合攻勢作戦	➡	軍事侵略・占領

ロシア勝利に至る複数の道筋

権の樹立、そして軍事占領までかなり幅がある。取れるものから取っていくという発想に近く、あまり戦略的ではないことがうかがえる。加えて、彼個人の嗜好によるものなのか、情報工作やプロパガンダなどに偏重している面も否定できない。

　最上段の行動様式（各種活動）は、ウクライナ人の対ロシア感情を色分けして、反ロシア勢力を無力化する、経済的な圧力を加える、市民社会の腐敗を招く、政府機関などに侵入する、社会を分断することなどによって、最終的に「ウクライナを弱体化して、連邦化を承認させる」というパターンだ。

　次の行動様式は、軍を動かすことにより圧力を加える、外交上の要求を突きつける、経済を混乱させ自信を喪失させる、プロパガンダにより国際的な支援を邪魔する、ドンバスおよびルガンスク人民共和国を欧米に承認させることなどにより、最終的に「西側にも両人民共和国の樹立を正式に認めさせ、ウクライナを連邦化する」というものだ。

　3番目の行動様式は、アストロターフィング（見せかけの草の根運動）作戦を展開する、公共サービスをサボタージュする、偽旗作戦により攻撃する、政府要人を誘拐・暗殺する、代理人を立てることなどにより、「現政権の首をはね、傀儡政権を樹立する」パターンである。

　最後の行動様式は、特殊作戦部隊による直接の軍事行動、長距離精密誘導兵器による攻撃、ロシア空挺部隊による緊要地域の奪取、統合による攻勢作戦、占領政府の樹立などにより、「軍事侵攻によってウクライナを占領する」というものである。

　全体の計画に関して、RUSIレポートの執筆者の1人、ジャック・ワトリング主任研究員は「1年以上にわたって彼らは準備と検証を重ね、欧米がどう反応するかも調べた。その結果、軍事面、外交面、経済面でウクライナに圧力をかけつつ、占領に向けた準備を進めるという、極めて体系的な計画が誕生した」(12)と語っている。

　これらの行動をNSSプライマーにある「国力の要素」や「国力の道

具（DIME：外交、経済、軍事および情報）」から分析すると、次のようになる。

　第1の行動様式は、「人」の心理に影響を及ぼして、「経済」的圧力を加えて、政府や地方政府の「機関」に影響を与えて、ウクライナの連邦化を図るという考えである。「外交」や「軍事」の道具を用いることなく目的を達成しようとする考えである。

　第2の行動様式は、「軍事」による威嚇をテコにして、「外交」を有利に展開するとともに、相手の「経済」を弱体化させる考えである。

　第3の行動様式は、非合法活動や偽旗作戦など「情報」や対外情報機関などが「軍隊」を用いて目的を達成するというロシアが得意とする手法である。

　そして、最後の行動様式は、まさに「軍事」主体によるウクライナの軍事占領である。こうして見ると、確かにDIMEの4つの道具はすべて考慮され活用されている。

　これらのパターンのうち最後の軍事行動パターンを除く3つの行動様式は、開戦以前においてすべてウクライナに対してとられた行動であったと見ることができる。しかしながら、そのいずれのパターンをもってしても目的を達成できなかった。

　ロシアによるサイバー攻撃、情報工作、心理作戦、偽旗作戦などに対して、ウクライナ政府が事前にそれらを察知して能動的に対処できたことにより、ロシアは軍事の道具をフル活用しなければ目的を達成することができなかったと見るべきであろう。これはおそらく西側による相当程度の情報提供や支援があったものと考えられる。

　ロシア、特に主導者と見なされていたコザク大統領府副長官は、自分の策におぼれてしまっていたようにも思える。最終的に、3つの行動様式のいずれもが功を奏しなかったために、やむなく第4の道、すなわち軍事侵攻に至らざるを得なかったと考えるのが妥当であろう。

　その軍事侵攻にしても、当初から綿密に計画して、サイバーや電子戦なども含め統合された陸海空軍による戦力の一気投入ではなかっ

た。まず特殊部隊、次いで長距離ミサイル攻撃、空挺部隊といった戦力を小出しにした逐次投入を行なった可能性が高い。

NSSプライマーの道具としての「軍事」に次のような戒（いまし）めが記されている。

　　道具としての軍事の適用は、国家が行なうことのできる最も危険な行動であると認識すべきである。戦略家や国家指導者は、軍事の性質、能力、限界、コスト/リスクを十分に理解し、評価したうえで厳格に適用する必要がある。

ロシアは、国力の道具のうち、最も重要かつ危険で慎重に適用しなければならない「軍事」をプーチン氏とその限られた側近で、十分な検討を経ないまま決行してしまったのではないか。その結末が、開戦以降の戦況に如実に現れている。

侵略開始以降の経緯

侵略開始直後、ロシア軍による進撃はキーウ攻略において頓挫し、1年半を経た現在、ウクライナ東部や南部において、激しい攻防が展開されている状況である。当初、ウクライナ軍の劣勢が伝えられたが、欧米諸国からのウクライナ軍への対戦車ミサイル、対空火器、各種砲弾、戦車なども含む軍事援助が本格化するにつれて、ウクライナ軍はロシア軍の進撃を食い止め、各所で占領された地域を取り戻した。

2022年5月9日の対ドイツ戦勝記念日までにロシア軍が大規模攻勢に出て、東部や南部で大きな戦果を得るのではないかとの観測も出ていた。しかし、作戦当初に見られた外線作戦（外周部から内側で守っている部隊に対して求心的に攻撃し、突破した正面から戦力をさらに投入して敵を破砕するという作戦）がもたらす装甲戦力の発揮による奇襲効果は次第になくなり、戦線は膠着状態になった。

2023年初頭においては、2022年9月に部分動員した約30万人の動員

兵が、逐次前線に送り込まれる時期に入り、北部ドンバス地方でロシア軍（ワグネル部隊含む）の兵員主体の攻勢が継続されたが、戦勢を大きく挽回するまでには至らなかった。

　6月初旬には、ウクライナ軍による反転攻勢がほぼ全正面にわたって開始された。今後もウクライナに対する欧米諸国による武器供与が継続し、かつロシアが総動員令を発令せずに「特別軍事作戦」と称する侵攻を続けるならば、いずれか一方による圧倒的な勝利は見込めず、紛争は長期化する可能性が高くなっている。

大量破壊兵器の使用に関する懸念

　その中で、懸念されるのがロシアによる戦術核兵器を含む大量破壊兵器の使用である。ロシアは、軍事ドクトリンの中で、核兵器を使用する権利を留保するとして核の使用を明言している。

　核使用の条件としてロシアが挙げるのは、次の4つである。[13]

1）ロシアとその同盟国領域への弾道ミサイル攻撃発射の信頼に足るデータを入手した時
2）ロシアとその同盟国に対する敵対国の核および大量破壊兵器の使用
3）ロシアの枢要な政府および軍事施設に対する敵対国からの攻撃、核兵器による対応を損なうような破壊活動
4）国家の存立が危機に瀕する程度の通常兵器によるロシアに対する攻撃

　ロシアは、ウクライナ国境に兵力を集めた時、核弾頭も搭載可能な短距離弾道ミサイルや中距離巡航ミサイルなど戦場で戦況を変えるために使われる、いわゆる戦術核を配備したとされる。2022年2月14日、黒海艦隊などが参加した軍事演習は、プーチン氏自らが指揮し、その際には戦術核兵器を含めた核戦争を想定したものであった。[14]

ウクライナ侵攻以降、核兵器使用に関連するプーチン氏の発言としては、次の2つを挙げておく。

　第1は、開戦3日後の2月27日、ロシア軍の中で核戦力を運用する部隊に対し、プーチン氏が「任務遂行のための高度な警戒態勢に入る」よう命じた発言である。

　ウクライナ侵攻が当初予想した形で推移していないことにいら立ちを深め、ウクライナ支援を続ける米欧に「展開次第では核兵器使用も辞さない」との強烈な威嚇に動いた。(15)

　なぜこの時期に核兵器を管理する部隊に高度な警戒態勢につくように命じ、かつそれを海外メディアにまで公開したのか。これは、当初電撃的に行なう予定の空挺部隊によるキーウ急襲作戦が失敗に帰した時期と関連があると見るべきであろう。

　プーチン氏の心の内を想像するに、侵攻劈頭に目論んでいたゼレンスキー政権の打倒が挫折し、思わぬ展開になってしまった、このままではNATO側の軍事介入を招くかもしれないとの恐怖心を感じたがゆえに、NATOをけん制する意味で核の警戒態勢に言及することにより、NATOの軍事介入の可能性を排除しようとする意志を示したのではないだろうか。

　第2は、2022年4月27日にプーチン氏はロシア議会関係者との会合で「我々は（ロシアの存続にかかわる脅威に打ち勝つために）誰にも負けないあらゆる兵器を持っている。必要なら、それらを使う」との発言である。

　実は、この発言の1週間前の20日に、ロシア国防省は複数の核弾頭を搭載できる次世代の重量級大陸間弾道ミサイル（ICBM）「サルマト」の初めての試験発射を行ない、成功したことを発表していた。この発射成功を受けて、プーチン氏はサルマトについて「最高の性能を持ち、現代のすべてのミサイル防衛システムを突破できる」と強調したうえで、「我々を脅かそうとする者の考えを改めさせるだろう」と警告した。

　この4月27日の発言は、主に米国に向けて、ウクライナへの軍事援

助を継続するなら新型ICBMサルマトがあるぞ、という脅しをかけたと考えられる。

　このサルマトは、近く実戦配備されるとプーチン氏は明らかにした。(16) 2022年秋に地理的にロシアの深奥部にある中央シベリアのクラスノヤルスク地方、ウジュル地区に配備される予定との報道もあったが、それに比べると半年近く実戦配備が遅れていることになる。(17)

　さらに、2023年6月21日、プーチン大統領はクレムリンに陸軍士官学校の卒業生を招き、その講演の中で、サルマトの実戦配備が近いと発言している。このことからサルマトは未だ配備されていないことがうかがえる。(18)

　これらプーチン氏の発言から推察されることは、NATOや米国に向けた核による威嚇の色彩が強い。このことから、戦術核兵器を用いる蓋然性は低いであろうと判断される。ただし、ロシアの軍事ドクトリンにおいて、条件を付して核兵器の使用を留保していることやその条件の1つである「国家の存立が危機に瀕する程度の通常兵器によるロシアに対する攻撃」と見なされるような事態になったり、この条件を無理やり当てはめざるを得ないほどロシアがウクライナ側の攻勢によって追い詰められたりするような事態になれば、戦術核兵器の使用について、その可能性を完全に排除することはできない。

　さらに、クリミア併合から1年後の2015年3月、プーチン氏はロシア国営テレビ番組の中で、核兵器の準備をしていたかと問われると、「我々に準備はできていた」と答えている。(19)

　秋山信将・一橋大学教授は、問題はプーチン氏の頭の中で核をめぐる便益とリスクのバランスがどうなっているのかよくわからないところと語っている。「我々の合理的な考え方ならこうだ、ということの延長で考えていいのか。2021年7月に発表した論文『ロシア人とウクライナ人の歴史的な一体性について』などから垣間見える彼の世界観を一言で表せば『ロシアのない世界に存在理由はあるのか』ということです。（中略）私からすれば、安全保障戦略や核政策の文書などに書かれている内容について『書かれた通りに実際にやるんだ』という驚

きです。だからこそ怖いわけです」(20) とプーチン氏の不可測性を指摘している。

核兵器をめぐる発言はプーチン氏の単なるブラフなのか、それとも本気で考えているのか、プーチン氏と米国、そしてNATOの間で、神経戦が繰り広げられている。

以上が、ロシアによるウクライナ侵略の大まかな経緯である。

戦略ロジックの適用
──ウクライナ侵略の「政治目的」と軍事作戦の関係

これから、主にプーチン氏の発言に基づいて、彼の考える特別軍事作戦の目的、すなわちNSSプライマーの用語で表現するところの「政治目的」がどのようなもので、それが軍事という「国力の道具」にどのように結びついているのか、そしてプーチン氏による侵略をどのように解釈できるのか読み解いてみよう。

あいまいな「政治目的」

第2部のNSSプライマーを読んできたとおり、戦略を策定する際には、明確な「政治目的」、そしてそれを具現する「具体的目的」を確立することが肝要であると説いている。そして、目的を達成するためには、効果的な道具（DIME：外交、情報、軍事および経済）を総合的に用いて戦略を遂行することが鉄則であることを理解した。

まず、今次侵略の目的、すなわちプーチン氏の「政治目的」は何であったのか？

2022年2月24日、開戦当時のプーチン氏の演説内容からそれをうかがい知ることができる。今次侵略の「政治目的」は、突き詰めれば、「虐待やジェノサイドから人々を保護する」こと、そして「ウクライナの非軍事化と非ナチ化を目指す」ことの2点にある。ただし、プ

ーチン氏は演説の中で「ウクライナの占領」は含まないとも発言している。細部を見てみよう。

2月24日開戦劈頭のプーチン氏の演説では、今次「特別軍事作戦」の第1の「政治目的」はウクライナのゼレンスキー政権による「虐待やジェノサイドから人々を保護する」ことにあると語っている。侵攻前日の23日、ロシアのペスコフ大統領報道官は親ロシア派武装勢力（ドンバスの人民共和国）が「ウクライナ軍の攻撃を撃退するため」の支援をプーチン大統領に要請したと明らかにした。そして、24日のプーチン氏の演説において、「国連憲章第7章51条と、ロシア安全保障会議の承認に基づき、また、本年2月22日に連邦議会が批准した、ドネツク人民共和国とルガンスク人民共和国との友好および協力に関する条約を履行するため、特別な軍事作戦を実施する決定を下した」と主張した。

その意図は、この「特別軍事作戦」が親ロ派の人々を保護する目的に基づいていると主張して、ロシア軍の派遣を正当化しようとしているところにある。

第1の「虐待やジェノサイドから人々を保護する」という「政治目的」に対して、その目的を達成するための「具体的目的」はどのようなものになるのであろうか？

これまでの主張からすると、ロシア軍の特別軍事作戦の目的は東部2州の親ロシア勢力の求めに応じているように考えるのが妥当である。さらに、ゼレンスキー政権によって虐待やジェノサイドが行なわれているとプーチン氏が主張するのであれば、プーチン氏は行為の主体であるゼレンスキー政権を打倒することが必要になってくる。

虐待やジェノサイドから守るという最初の「政治目的」を具現する「具体的目的」は、まずウクライナ東部の2共和国の完全な独立となろう。次に、ゼレンスキー政権の打倒が「政治目的」ならば、「具体的目的」はウクライナの首都キーウにいるゼレンスキー大統領の身柄拘束や政権転覆になると考えるのが妥当である。

さらに、プーチン氏の演説では明示的に言及されていないが、実際

の軍事行動で注目されるのは、クリミアとロシア領土をつなぐ黒海（アゾフ海も含む）沿岸地域の軍事作戦である。マリウポリの製鉄所をめぐる攻防戦で注目された地域である。第1の「虐待やジェノサイドから人々を保護する」の政治目的の下にこの黒海沿岸地域の支配、すなわちクリミアとロシア本土との一体化という、明示されていない「具体的目的」があることは明らかである。

　ロシアによるクリミア併合から1か月後の2014年5月、プーチン氏は「帝政ロシア時代にノボロシアと呼ばれていた地域は、かつてウクライナの一部ではなかったことを思い出してほしい。ロシアはこれらの領土を種々の理由により失ったが、人々はそこにとどまっている」(21) とテレビ番組で語っている。

　ロシアが不法占拠しているクリミアは、セバストポリというロシア海軍の軍港がある。セバストポリ軍港は、ロシア海軍がボスポラス海峡を通過して南の地中海に進出できる戦略上の要衝である。しかしながら、クリミア半島は2014年に占拠したものの、ロシアにとっては飛び地となっている。そのため、プーチン氏はマリウポリなどを確保してクリミアをロシア領土と地続きにしたかったのであろう。

　プーチン氏の演説内容は、さらに「ウクライナの非軍事化と非ナチス化を目指す」と続く。この第2の「政治目的」と解される「非軍事化と非ナチス化」は、ウクライナ全域に及ぶ内容と捉えるべきであろう。この「政治目的」のための「具体的目的」は、ヒトラーのナチス・ドイツになぞらえているゼレンスキー政権を倒し、親ロシアの政権樹立を目指すことになるはずであった。

　ところが、開戦から早くも4日後には、ロシアおよびウクライナ両国はベラルーシ南東部で、およそ5時間にわたって初めての停戦交渉のテーブルについた。(22) ゼレンスキー政権を停戦交渉の相手と認めたうえでの交渉となれば、この第2の「具体的目的」である、ゼレンスキー政権の打倒は侵攻わずか4日にして断念したことになる。

　開戦当時の演説での「ウクライナの占領は含まない」としている点については、ウクライナをロシアに併合する意図はないという意味に

解することができる。具体的には、ウクライナ全土を占領するより
も、親ロシア政権をキーウに樹立させようとしていたのではないかと
考えるのが自然である。前述のRUSIレポートにある第3のオプション
と符合する。その理由は、第1に、広大なウクライナ全域を軍事的に
占領するには、膨大な治安維持のための兵力を充てる必要があり、ロ
シア地上部隊の兵力（現役兵約32万人）では困難であるからである。
第2に、ウクライナを併合してしまうとロシアの国境がNATO加盟国
と直接接触することになる。プーチン氏はそれを望んでいなかったの
であろう。

プーチンの「政治目的」の分析

　このように見てくると、「虐待やジェノサイドから人々を保護す
る」ことと「ウクライナの非軍事化と非ナチス化」を目指すという
「政治目的」のうち、後者のウクライナの非軍事化と非ナチス化は侵
略が1年半を経過しても達成されていないし、将来も達成することは
ほぼ困難である。

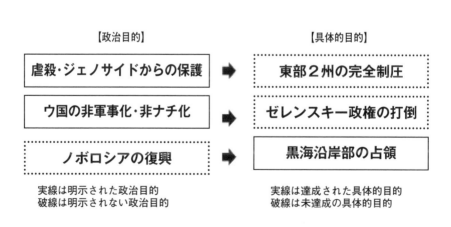

プーチン大統領の政治目的と具体的目的

そして、前者の「虐待やジェノサイドから親ロシア派の人々を守る」という名分も、どの地域の人々を対象としているのかを明示しない限り、「具体的目的」を明確にすることはできない。

　さらに、プーチン氏の「政治目的」を再度確認して徹底する機会でもあったはずの2022年5月の対独戦勝記念日の演説では、自らの開戦の決断を「ネオナチとの衝突は避けられなかった」と正当化するのみで、「特別軍事作戦」の「政治目的」には一切触れなかった。これでは、軍事作戦の目標を確定することすら困難である。プーチン氏の考える「政治目的」が非常に不明確であり、政治目的から導出される「具体的目的」、さらには軍事が果たすべき役割もあいまいである。どこまで軍事という道具に仕事をさせようとしているのかが非常に不明確であると言わざるを得ない。

　NSSプライマーにあるように、「政治目的」がウクライナ東部住民の保護であるならば、「具体的目的」は、ウクライナ東部2州の平定となるであろう。この「具体的目的」を達成するための軍事作戦の目標は東部2州からのウクライナ軍の排除となる。こうであれば、極めて明確な「政治目的－具体的目的－軍事作戦の目標」の流れとなる。

　ところが、ウクライナの非軍事化と非ナチス化という「政治目的」を達成するとすれば、その「具体的目的」はゼレンスキー政権の打倒となることは冒頭で述べた。この「具体的目的」のために軍事に課した目標がウクライナ首都キーウに所在するゼレンスキー政権の政権転覆あるいは要人の拘束であったとすれば、これはかなり困難かつ飛躍した作戦にならざるを得なかった。

キーウ攻略の意味

　当初のキーウ攻略作戦は、地上部隊の陸軍とは別の指揮系統の空挺部隊などによる空路からの電撃的な作戦であった可能性が高い。これは、兵力を節用して、かつ精鋭部隊の投入で一気にゼレンスキー政権

を崩壊させる作戦であった。

　ロシア軍は、開戦真っ先にキーウ近郊のホストメリ空港に対して大規模なヘリコプター空輸によるヘリボーン急襲作戦を行なった。空港の奪取は、ロシア軍精鋭の空挺部隊が一旦確保したかに思われたが、ウクライナ軍の反攻によって作戦は失敗に帰し、精鋭部隊に多大な損耗を出した。作戦開始数日内にキーウ攻略作戦を成功させ、ゼレンスキー政権を打倒するというプーチン氏の目論見はここで挫折した。

　その後のロシアの行動は、意図不明なものであった。ベラルーシ領内で訓練を継続していたとされる東部軍管区（東シベリアと極東地方）の部隊は、装備も比較的古く、練度もあまり高くない部隊であったとされる。同部隊は、キーウ急襲作戦に呼応して地上から合流する地上侵攻部隊であったか、もしくは、ウクライナ東部と南部における「特別軍事作戦」の予備兵力として保持していたのではないかと考えられる。仮に、空挺部隊とのリンクアップの作戦のために準備されていたとすれば、その後方支援などの作戦準備や実際の行動があまりにもずさんであったことを鑑みると、やや不自然である。

　米軍の最高指揮官たちがロシア軍の行動を見て、兵站準備の不足と基本的な部隊行動ができていないことを辛辣に指摘している。私も新聞のインタビューに応じて、ロシア軍の補給面での準備不足などを指摘した。(23) マッコンビル米陸軍参謀総長は、ロシア軍が60キロメートルにわたり道路上に車列が停止している状況を見て、「アマチュアは戦術を勉強し、プロは兵站を研究するという話をよくするが、まさに今それが我々の目の前で行なわれている。軍を進める時、兵站を伴わなければ、兵器システムはただの文鎮でしかなくなる」(24) とロシア軍を酷評している。

　軍事的な妥当性から推し測れば、東部2州の平定とキーウ攻略の2つの作戦だけでも、作戦地域は広大かつウクライナの中心部まで侵攻するもので、ロシアが投入した20万人弱の兵員では到底足りない。さらに、プーチン氏は黒海沿岸にも地上部隊を前進させている。この隠された「政治目的」の真の狙いはクリミアとロシア本土を結びつける

ことであり、さらにあわよくばオデーサまでのウクライナ黒海沿岸部をすべてロシア領に編入しようという「政治目的」（ノボロシア構想）が見え隠れしている。

　こうしたあいまいな「政治目的」をどのように理解すればよいのか？　NSSプライマー第3章の末尾に次のような記述がある。

　　健全な目的にとって最も重要な性質は、精緻であり、かつ簡明であることだ。目的は、何を達成すべきであるかを冗長にならず明確に述べることである。あいまいな目的は戦略に集中することを妨げ、冗長な目的は誤解を招き、焦点をぼかしてしまう。

　プーチン氏はこの戒めに耳を傾けるべきであろう。プーチン氏によるウクライナ侵略の「政治目的」は「虐殺やジェノサイドからの住民の保護」や「ウクライナの非軍事化と非ナチス化」と多岐にわたっており、かつ明示されていない「ノボロシアの復活」まで含まれている。それぞれの「政治目的」をいかなる優先順位で達成しようとしているのか、また、それぞれの目的を連携させ、さらに整合させて相乗効果を発揮しようとする意図はうかがえない。

　さらに、「政治目的」とそれを具現するために必要な兵員の規模が不釣り合いである。ロシア軍参謀本部は、おそらくロシア軍の最高指導者であるプーチン氏の「政治目的」をすべて達成するには兵力が不足していることをあらかじめ認識していたかもしれない。ゆえに、ウクライナの非軍事化・非武装化の政治目的達成のためには、少数かつ最精鋭の空挺部隊で電撃的に行なおうとしたのではないか。それが破綻した段階で、ロシアは負の連鎖に陥ってしまったのである。

　NSSプライマーの第5章「方法をデザインする」の中のオーケストレーションの項では、

　　それぞれの目的はその重要性の観点から優先順位を明確にする必要がある。さらに、リソースは有限であることを踏まえると、最重

要目標の達成に必要なリソースを確実に得るためには、優先順位付
　　けが不可欠である。

　として、限られた資源の中では優先順位を付けることの重要性を力
説している。この逆を実践しているのがプーチン氏のロシアである。
まさに、リソース（ロシア軍の兵力）が有限であるにもかかわらず、ウ
クライナ北部、東部および南部で戦端を開いてしまい、主たる努力の
方向を見失っているかのようであった。
　このような傾向は、企業経営においてもよくあることである。ある
経営者が着想に基づいて、それを詳細に検討することもせずに、次々
とプロジェクトを立ち上げては、途中で投げ出し、利益を産み出さな
いまま、業績が悪化していくパターンである。政府に関しても、これ
は人ごとではない。パンデミックの波が来るたびに、当面の蔓延防止
対策と財政出動を繰り返す。供給網が逼迫して、原油価格が急騰する
たびに、補助金を拠出して対応する。そこには、長期的な国家戦略の
策定や、国家戦略に基づく資源の配分、長期的な予測に基づく政策と
投資の優先付けなどが求められているのである。

「仮定」の重要性

　ロシアは、侵攻開始に臨むにあたり、2014年のクリミア侵攻の成功
体験から、ウクライナ軍の実力、兵士の士気、さらにはウクライナ国
民の祖国を守り抜こうとする愛国心について、"過小評価"していた
のではないかと思われる。NSSプライマーの第4章「国力の要素」の
図2（74頁）を再度参照していただきたい。この図にある「人的資本」
や「国家意志」という要素である。クレムリンは、ウクライナの「国
力の要素」、特にヒューマン・ファクター、すなわちウクライナの人
たちの愛国心や継戦意志を見誤っていたのではないか。
　米海兵隊前総司令官のデビッド・バーガー大将は、2022年3月のワ
シントン・ポスト紙のインタビューで、開戦からそれほど間もないの

で確たる教訓を導き出すまでには至らないが、いくつか感ずる点を述べたいとして、冒頭にウクライナ軍の戦いぶりを称賛した。ウクライナ軍の兵士は「非常に規律正しく、よく訓練され、よく導かれ、そして誠に士気が高い」(25)と評価している。ロシアは、2014年の一方的なクリミア併合の成功体験から、ウクライナ軍の士気の高さやウクライナ国民の防衛意識を"過小評価"していたのである。

　これは、NSSプライマーの第2章「戦略状況を分析する」の「仮定（を設けること）は極めて重要」の記述箇所に書かれていることに通じる。戦略を策定する際には、すべてのことが判明しているわけではないので、敵の状況に関しても、ある程度「仮定」を設けて検討しなければならない。この「仮定」を甘く置いて、作戦を始めると取り返しのつかないことになってしまう。NSSプライマーでは次のように甘い仮定を設けてはいけないことを戒めている。

　　無意識のうちに、または不十分な考察のままで仮定が策定されたならば、戦略プロセス全体を損なう可能性が生じてしまう。おそらく最も危険な仮定は、戦略家が、判明していると思われる真実は何かを突き詰めないまま無意識にとられた仮定である。

　ここに記載されているように、「仮定」を策定する際には、その「仮定」について、よくよく分析してある程度の幅をもって妥当な「仮定」を置かなければならないということである。「仮定」の精査をないがしろにすると、「戦略プロセス全体を損なう」との表現は、ロシアがウクライナを"過小評価"して作戦がうまく立ちいかなくなっている状況を予告しているかのようである。

　さらに、「仮定」に関連して、プーチン氏個人の世界観やバイアスについても、第2章「戦略状況を分析する」の「個人と認知バイアスの認識」の項において、極めて示唆に富む箇所がある。(26) NSSプライマーは人が抱いてしまう独特の世界観やバイアスによって戦略策定にかなりの偏向をもたらしてしまう弊害があることを警告している。

人間は自然に自らの認識を形成する特定の世界観を持つようにな
る。世界観を持つことは本質的に良いことでも悪いことでもない。
世界観は、時間の経過とともに進化し、教育や経験、さらに価値観
や文化などの無数の要因によって形成されていくものである。世界
観は、仮定によっても形作られ、戦略レベルの問題や解決に対する
考えや態度に必然的に影響を与えるため、戦略策定プロセスにかな
りの偏りをもたらしてしまう。

「政治目的」の微修正

　侵略開始から約1か月後、ロシアは政治目的を軌道修正し始めたか
に見えた。しかし、その発言はプーチン氏から出たものではなく、軍
の幹部からの発言であった。セルゲイ・ルドスコイ第1参謀次長は
「作戦の第1段階の主目的はおおむね遂行された。ウクライナ軍の戦
闘能力は大幅に減退した。これにより、我々は主な目標であるドンバ
スの解放を達成するための努力に注力できるようになった」(27) と発言
している。これは、参謀本部の本音が出ている。「政治目的」を身の
丈（兵力）に見合ったものに限定しようという軍による意志の表れであ
ると捉えることができる。
　NSSプライマー第6章の最終項「方針を修正する」に政治目的を変
更したり縮小させたりすることの難しさを指摘するのが次の文章であ
る。

　　軍事力が使用された段階では、目的を縮小させることはさらに難
　しくなる。歴史が教えているように、人命を失い、その犠牲が無駄
　であったと認識されないように、政治目的を穏健化または変えるこ
　とは非常に困難となる。

　まさに、ロシア軍は多大な犠牲を出している。その犠牲が無駄であ

ったなどとロシア国民に認識されないように、プーチン氏は細心の注意を払っているであろう。2022年5月9日の対独戦勝記念日においても、自らの開戦に至る決定が正しかったという趣旨の内容がほとんどであった。国家指導者自ら政治目的を変更するのではなく、軍事のレベルから密かに変えさせたようにも見える。戦略変更の時機についてNSSプライマーは次のように指摘する。

　　戦略を再評価する必要があるかどうかの主な判断考慮要因は、それが許容可能なコストで所望の政治目的を達成しているかどうかにかかっている。戦略家や政治・軍事指導者が政治目的が達成されずにコストが回収できないと決断した場合は、いかに苦痛をともなうものであろうとも、政治目的を変更し、それを支える戦略をも変更する時機が到来しているということである。

　その後の戦闘経過を見ればロシア軍の政治と軍事の関係は必ずしもうまく機能しているとはいえない。2022年5月中旬の時点では、なおもオデーサ方面への進軍を諦めていないようにも見えていた。ロシア全土に総動員令をかけないまま現状程度の兵力規模で、さらに侵攻正面を拡大しても投入できる兵力には限界がある。マリウポリを完全制覇した時点で、ロシア軍は黒海沿岸地域の制圧を終了した。9月には、部分動員をかけて、主に地方部から約30万人を召集し、その兵員が逐次前線に送り込まれた。2023年年明けからは東部2州の完全制圧に戦力を集中した。
　かたや、ウクライナ軍は失地を回復させるためには、攻勢に出る必要があった。再三のウクライナ政府の要請により、NATO諸国は戦車の供与に踏み込み、300両以上の戦車が2023年春以降に戦場に届いた。ウクライナ政府は、戦車のみならず、F-16戦闘機やATACMS（米陸軍の戦術地対地ミサイルシステム）の供与も粘り強く要望を継続している。F-16戦闘機の供与については、2023年5月20日に米国が容認する姿勢を示した。

当面、東部戦線は一進一退の状況が継続する可能性が高い。その中で、2023年6月初旬から、ウクライナ軍による本格的な反転攻勢が開始された。ロシア軍の頑強な抵抗に遭って、ウクライナ軍の攻撃進展は思い通りには進んでいないようである。いずにせよ、2023年以内に戦火が終息する可能性は遠いように思える。

　以上が、侵略が開始されてから、1年半が経過した段階での分析である。ここで明らかなことは、第3章の「所望の目的の定義」ということがいかに重要であるか、そしてその「政治目的」の設定の鍵が「精緻であると同時に簡明」であるべきだということである。また、「仮定」の設定を間違えば、作戦そのものも政治目的の達成もおぼつかなくなることをプーチン氏による侵略は物語っている。

　しかし、こうした過ちをプーチン氏のみが犯しているわけではない。過去の歴史をたどれば、その例は枚挙にいとまがない。

　東條英機内閣によって行なわれた開戦の決断を見れば、人ごとではないことがわかる。大東亜戦争直前の1941年夏、内閣総理大臣直轄のシンクタンク、総力戦研究所で日米開戦に関する机上演習が行なわれた。これは、NSSプライマーにある「レッド・チーミング」の考え方と同じである。「対象国（敵）の視点からクリティカルに考えることは不可欠」だからである。

　この机上演習は「開戦後、緒戦の勝利は見込まれるが、その後の推移は長期戦が必至であり、その負担に青国（日本）の国力は耐えられない。戦争終末期にはソ連の参戦もあり、敗北は避けられない。ゆえに戦争は不可能」という「日本必敗」の結論を導き出したとされる。これは、「仮定」の設定が悪いといった程度の問題ではなく、より一層深刻な状況である。机上演習で「必敗」との結論が出たにもかかわらず、敗北につながる要因を探求することもなく、かつ、それを是正することなく、やみくもに開戦に突き進んでいったのが当時の日本である。

戦略からもたらされるリスク

　NSSプライマーの第6章「コスト、リスクおよび結果の評価」の
「戦略からもたらされるリスク」について触れておきたい。リスクに
関する記述で、NSSプライマーは戦略に対するリスクと戦略からもた
らされるリスクの2つがあると指摘している。戦略に対するリスクと
は、戦略を失敗させてしまうリスクのことである。このリスクは戦略
を策定する過程で明らかとなる場合が多い。

　もう1つの戦略からもたらされるリスクとは、「その戦略の実装に
よってもたらされる新たな脅威または望ましくない結果からくるもの
である。いずれの場合も、リスクは、全体または部分的に無効である
ことが証明される仮定に起因することが多い」と指摘している。

　ロシアの事例に適用すれば、戦略の実装によって戦力の損耗が短期
間で激しく、投入兵力の不足が顕著になっていた。侵攻から2か月
後、英国のベン・ウォレス国防相は下院でウクライナ軍によるロシア
軍の戦死者がわずか2か月で1万5000人に達するという分析を明らか
にし、ロシア軍の装甲車も2000台以上が破壊されたりウクライナ軍に
奪取されたりしたと話している。(28) さらにこの1年半のロシア軍の損
耗については、ウクライナ政府の発表なので数字については客観視す
る必要があるが、2023年8月4日時点で、死傷者24万8490人、戦車
4228両、装甲戦闘車8249両と膨大である。(29)

　これらは、まさに「望ましくない結果から生じる」ものであり、そ
のリスクは、ウクライナ国民の愛国心やウクライナ軍の士気の高さ、
作戦戦闘効率の良さに対するロシアの過小評価という「仮定」に起因
することもその1つであろう。今後、具体的な死傷者の数がロシア国
内で徐々に伝わっていくと、国内での厭戦気運が次第に高まり、現在
の支持率80パーセント超えに支えられたプーチン大統領の政権基盤が
揺らぐ可能性も否定できない。ロシアの行く末は、かなり暗いといえ
る。

「国力の道具」の活用と総合調整

　NSSプライマーの第4章「手段の選択」の「国力の道具」について、その実際の道具とは、外交、情報、軍事、経済（DIME, Diplomacy, Intelligence, Military and Economy）の4つであることはすでに理解した。では、ロシアはこの分野でどれほど長けているのか、欧米諸国の動きもあわせて報道ベースで見てみよう。

　ロシアは、伝統的に力を信奉する国家である。したがって、ウクライナ侵略以降、プーチン氏が重きを置いている「道具」は軍事である。軍事の活動を支えているのが、軍事以外の道具、すなわち外交、情報、経済であると捉えることができる。ウクライナ戦争の直接の当事者ではないが、米国やNATO諸国は、ウクライナへの派兵という軍事の道具である武力は直接的には使わずに、それ以外の軍事支援や外交、情報、経済の分野で彼らの政治目的を達成しようとしている。西側とロシアの間では、ウクライナの舞台裏で非対称な戦いが繰り広げられているといえよう。

外 交（Diplomacy）

NSSプライマーの第4章の「外交」の項で次のことを学んだ。

　　外交というものは通常、それのみの行為ではなく一連のプロセスの中にあることだ。外交は実行する能力が限られているという弱みがある。外交の道具としての強さは、コミットメントが自由で、当事者の利益を十分に満たし、持続する可能性が高いという事実にある。反対に、弱点はコンプライアンスは一般的に自発的なものであり、誠実さは保証されず、違反を検知し是正するメカニズムはしばしば最小限である。

つまり、外交という道具によって、コンセンサスを得たり、双方の利害を調整する際には有効な道具であるが、その実行を迫るには力不足であるということだ。

　今次ウクライナ戦争を外交という視点でみた場合、ロシアの成果としては、北京冬季五輪開催日の2022年2月4日、中ロ首脳が北京で会談し共同声明を発表したことを挙げることができよう。NATOの東方拡大反対やウクライナ情勢をめぐり、ロシアの安全保障上の懸念について習近平主席から直接支持を取りつけたことである。

　中ロ関係については、開戦後も一定の関係を維持しており、2023年3月には、習近平主席がモスクワを訪問し中ロ首脳会談を開催した。会談後、共同声明が発表され「両国関係は歴史上最高のレベルに達し、着実に成長している」として両国の緊密な関係を誇示した。(30)

　開戦以降については、ロシア外交の顔ともいえるラブロフ外相の言動は外交の常道から明らかに外れていた。2022年3月2日には、中東の衛星テレビ、アルジャズィーラとのインタビューで「第3次世界大戦は核（戦争）となり、破壊的なものになるだろう」と発言したり、5月1日には、「『ゼレンスキー大統領がユダヤ人であるならナチ化するはずがない』というが、あのヒトラーにもユダヤ人の血が入っていたのでそのような主張はまったく意味がない」(31)と持論を展開し、国際社会から非難を浴びた。

　国際連合の場においても、ロシアの旗色は悪い。ロシアの人権理事会の理事国資格を停止する是非に関する国連総会の決議に際しては、2022年4月7日、93か国の賛成多数で採択した。この決議により、ウクライナでの民間人殺害をめぐるロシアの孤立を印象づけた。

　ただし、一方でロシアや中国による切り崩し工作などを受け、過去の決議より消極的な国が増加した。反対と棄権は計82か国、無投票も合わせれば100か国に迫る数となり、賛成を上回った。このように国際社会の亀裂も浮き彫りになった。(32)

　開戦の経緯でも触れたとおり、米国はじめ西側諸国は、武力紛争に至らないように外交面で最大限の努力を継続した。しかし、その努力

もプーチン氏の侵攻企図を断念させるには至らず、2022年2月24日を迎えることになってしまった。

　侵攻後、3月から4月にかけて、ロシア外交官の追放が米欧日の諸国で行なわれた。米国政府は、ニューヨークにあるロシアの国連代表部に勤務する外交官12人について国外追放することを決めた。欧州連合（EU）諸国は4月4日から5日にかけ、計200人近くのロシア外交官を追放、日本も4月8日、ロシアの外交官ら8人を国外追放すると発表した。それに対して、ロシアも報復措置として西側外交官の追放を行なった。

　しかし、侵攻後は外交面では西側が優位に立っている。プーチン氏は、開戦の演説で、長々とNATOの東方拡大を批判し、これ以上のNATOへの加盟を阻止するとして侵攻の挙に出た。ところが、これまで中立を維持してきたフィンランドやスウェーデンでは、NATO加盟の動きが加速した。2022年5月18日には、NATOがフィンランドとスウェーデンから正式な加盟申請を受け取った。2023年4月4日、フィンランドは、ブリュッセルのNATO本部で加盟にかかる文書を提出し、31番目の加盟国となった。

　ロシアのウクライナ侵略は、欧州全域に対してプーチン氏統治のロシアが持つ軍事的脅威を再認識させた。ロシアの行動は、NATOの結束をより一層強固にし、主要7か国（G7）の連携を強化した。2022年に入って、電話協議やオンライン形式も含めて2022年5月中旬までに開催されたG7外相会合は7回に及んだ。(33)

　外交面では、ロシアが一方的にウクライナに侵攻したことにより、かえって、NATO、EU、日本などの結束や連携を強固にし、さらに、フィンランドやスウェーデンのNATO加盟を促す結果となった。しかし、国際的なアクターは日米欧諸国のみならず、アジア、アフリカ、中東、さらには中南米にも広がる。それらの地域では、資源や資金を背景に中ロ両国がそれぞれの国益に基づいて外交努力を展開している。

情 報 （Intelligence）

　NSSプライマーの第4章「情報」には、国力の道具としての情報の重要性を次のように強調している。

　　ソーシャルメディアや情報/技術インフラストラクチャは過去四半世紀にわたって劇的に拡大し、サイバー空間への活動が増えるにつれて、情報は国家にとって一層重要な側面になっている。（中略）長期的には、情報がどのように力の道具として発展するかを評価することは困難であるが、現在の傾向はますます重要性を増していると言える。

　実際、今次ウクライナ戦争は、ソーシャルメディアを含む情報が軍事作戦に大きな影響を及ぼしているといっても過言ではない。加えてソーシャルメディアで流布されるフェイクも含めてさまざまな情報が世界の人々の認知領域にまで深く進入していることも明らかになってきた。認知領域への影響は、今後重大な関心をもって探求する必要がある課題となっている。

　米陸軍のあるレポート (34) では、ロシアがウクライナに侵攻したという最初の兆候は、砲撃でも銃撃でもなく、Twitterからもたらされたとしている。軍備管理・不拡散の専門家ジェフリー・ルイス博士は、オープンソース・データからロシア軍の動きをリアルタイムでつかんで、それをTwitterで共有したことを紹介している。

　反対に、ソーシャルメディアのリスクとして、米陸軍将官のFacebook上の偽アカウントが多数あることが判明しており、それらのアカウントを活用して米国の分断を煽る偽情報を外国勢力が操作する危険性を指摘している。

　ウクライナ戦争から得られる教訓として、現在の日常はオープンソース・データをもってトラッキング可能で、追跡もできるし、予測す

るることも可能なことが明らかになったことだ。さらには、悪意をもっ
て操作できることも可能になってきているということだ。

秘密情報を開示する米国

　情報面では、米英両国は、侵略以前からロシア軍の部隊の行動や意
図を早期に把握し、しかも秘区分を解除して一般に公開するなど積極
的な情報発信に努めた。そうすることにより、ロシアの侵攻を思いと
どまらせようとしていることを国際社会に印象づけた。

　なぜ、大事な情報を開示するのか？　ヌーランド米国務次官は「プ
ーチン氏はサプライズを好む。クリミア併合をした際にもそうだっ
た」として、事前に開示されれば、プーチン氏はその案は採用しにく
いであろうという読みである。さらに同次官は「プーチン氏からツー
ルを奪い、ウクライナや同盟国の人たちに準備を促す。そして世界
に、クレムリンが使ってきた卑劣な手段を見せつけるためだ」とも指
摘する。(35)

　対するロシアは、侵略直前には、SNS（交流サイト）で流れた「ウク
ライナによるロシア、親ロ派支配地域への攻撃」とされる複数の映像
をロシア発通信アプリ「テレグラム」のアカウントに投稿していた。
(36) また、米国のメタ（旧フェイスブック）によると、ウクライナの通
信会社や同国内外の防衛・エネルギー分野、テクノロジー企業などを
対象にした活動や工作が「侵攻直前に激化したもようだ」と指摘して
いる。(37)

　さらに特異な例としては、2022年3月17日に英国のウォレス国防相
がウクライナのシュミハリ首相になりすました人物とのビデオ電話に
同日応対したとTwitterで明らかにした。パテル内相も同様の被害を受
けたという。

　ウクライナ侵略以降、ロシアの内部事情についてプーチン氏と軍の
間で意思疎通に齟齬が生じているのではないかとの憶測も流れた。米
ホワイトハウスの広報部長は2022年3月30日の記者会見で、ロシアの
プーチン大統領にウクライナでの戦況などについて軍から誤った情報

が伝えられていると明らかにした。「プーチンがロシア軍に欺かれたと感じているとの情報があり、その結果、軍との間に緊張が生じている」と述べた。

国内向けのロシアの情報工作

ロシアの情報工作活動は、国外に向けたものというよりも、国内向けに偽情報を拡散させ世論を誘導しようとしている側面が濃いことも明らかになってきた。ロシア現地SNS上の主な偽情報の拡散経路を調べたところ、「ロシアの拡散工作を担ったとみられる100以上のアカウントが確認できた。1か月の閲覧数は1000万件を超え、ほとんどが国内とみられる。偽情報を飽和させ、国民を世界の情報から分断している」[38] と報じられている。

サイバー攻撃への対応については、主要7か国（G7）のデジタル相が2022年5月10日から11日までドイツに集まり、サイバー攻撃への協調対応を柱とする共同宣言を取りまとめた。[39] サイバー空間の分野でもG7が結束を強めている。

他方、バイデン大統領は、ロシア軍の動向をめぐる情報をウクライナ軍と共有して戦果をあげているとするリークをやめるよう情報機関などに指示した。戦況を左右する情報提供はロシアの「越えてはならない一線（レッドライン）」に触れるおそれがあると警戒しているからである。[40]

総じて、ロシアの情報という道具の活用においては、2014年のクリミア併合の際に用いられた偽情報の流布などの手法からあまり進化していないのではないかと判断される。また、ロシアの行なう情報工作は、ウクライナやNATO諸国に向けられたものというよりも、ロシア国内での世論を誘導するために用いられている側面が強い。かたや、米英両国は、得られた情報の秘密区分を解除し、積極的にオープン・ソースとして公開して、その情報発信によって、ロシアの企図を事前に封じ込めようとしている。

この米英による新たな特色あるソーシャルメディアの活用は、英戦

略コマンドのパトリック・サンダーズ司令官が2021年9月にDSEI防衛装備展示会で行なったスピーチの一説と符合している。

「我々はソーシャルメディアに対して、より積極的であるべきだ。それを利用して一貫性があり、説得力があり、ターゲットを絞ったメッセージを配信したい。また、ソーシャルメディアプラットフォームを通じて、はるかに俊敏性の高い『運用』を行ない、必要に応じて第三者を使用することを含め、さまざまなフォーラムを通じて敵対的なキャンペーンに対抗する必要がある」(41)とサンダーズ司令官は今次侵攻に際して、英米がとった情報戦を予告していたかのような発言をしている。

経 済 (Economy)

NSSプライマーで指摘しているように、経済の道具には、援助、貿易、金融の3つの主要な側面がある。西側諸国は、これら3つのうち、金融と貿易に焦点を当ててロシアに強力な経済制裁を科している。

金融面での具体的制裁は、国際決済網（SWIFT）からの締め出し、ロシア中央銀行の資産凍結、個人金融資産の凍結などである。ここにいう個人とは、プーチン政権と密接な関係にあるオリガルヒと呼ばれる富豪たちに向けられた制裁である。

ロシアは、あらかじめ金融制裁を予期して、ロシア中央銀行ズベルバンクに6300億ドルもの外貨準備を蓄えてきていた。ロシア政府が他国の影響を受けずに政策を進めるための、要塞の役割を果たしてきた。しかし、このうち約4000億ドルが凍結され、要塞は「砂上の楼閣」になった。(42)

米欧などはロシアの侵攻から2日後の2月26日、共同声明を発表し、SWIFTと呼ばれる国際的な決済ネットワークからロシアの特定の銀行を締め出す措置を実行することを決めた。日本においても、岸田首相が27日夜、SWIFTからロシアの特定の銀行を除外する措置に加わ

ることを明らかにした。

米バイデン政権は、2022年4月6日になって、それまでSWIFTの制裁対象から外していたロシア最大手の国有銀行、ズベルバンクの資産を凍結し、米国の金融機関や企業との取引を停止させる決定を行なった。

貿易面での制裁

ロシアに対する輸出規制に関しては、米欧日諸国は、処理能力の高いものや産業用機械の制御に用いられる半導体の輸出禁止をはじめ、センサー、ハイテク製品、通信機器、高級車や宝飾品などの輸出を禁止した。

ロシアからの輸入規制については、EUや日本で具体的な措置が検討された。EUでは、ロシアからのエネルギー資源に依存する傾向が強いが、天然ガスのロシア依存を2030年までに脱却する方針を決定し、2022年末までに域内のロシア産天然ガスの需要の3分の2の削減を目指す考えを示した。日本においては、4月19日、機械類や木材、ウォッカ、自動車など38品目の輸入禁止措置をとった。5月8日には、石油輸入の原則禁止の方針を表明した。

最恵国待遇に関しても、ロシアに対する取消や撤回が欧米日などで相次いだ。これにより、関税がより多く課されることになった。(43)

しかしながら、G7中心の経済制裁はエネルギー禁輸をめぐる包囲網を構築できずに試練に直面している。中印の輸入継続や原油価格上昇でロシアの関連税収が5割近く増えるとの試算もある。国際エネルギー機関(IEA)によると、2022年4月のロシアの石油輸出量は日量810万バレルと侵攻前の水準まで戻った。欧米向けが減少した一方、インドやトルコ向けが大きく増加し、中国は減っていない状況である。(44)

2023年5月に広島で開催されたG7首脳会議でまとめた共同文書では、ロシアへの輸出制限を「侵略に重要な全ての品目」に広げるとして制裁を強化した。あわせて、中国などを念頭に第三者によるロシアへの武器供給の阻止も強調した。

経済制裁は効果があるのか？

　経済による道具を振りかざすことによりロシアの軍事侵略を止めさせることはできるのか、という問いに対しては、残念ながら直接的に止めさせるのが困難であることは、現状から明らかである。

　西側が一致して侵攻早期に科した金融制裁についても、ルーブルの下落による通貨危機に陥るまでには至っていないし、ルーブルの価値も侵攻直後に一旦下落したあとは侵攻前の水準に戻っている。

　識者は、2022年5月下旬、次のように評している。

　元財務相財務官で国際通貨基金の副専務理事を務めた古沢満宏氏は「（ロシアの）経済への影響は、はっきりと出ています。ロシアは株式市場を1か月にわたって閉じていました。再開後、株式指数は侵攻前の4分の3の水準に下がっています。IMFの4月時点での見通しによれば、ロシアの今年の経済成長率は前年比8・5パーセントの大きなマイナスです」とインタビューで答えた。[45]

　米ピーターソン国際経済研究所のゲリー・C・ハフバウアー氏は、経済制裁について、刑事司法と同様に、違法な行動への抑止、執行の可否、処罰の効果、対象国の行動への可変性という4点から分析した。今次ウクライナ侵攻については、違法な行動の抑止ができなかった点で失敗であったとみる。2021年12月バイデン大統領はロシアがウクライナに軍事侵攻すれば米国は「ハイインパクトな制裁に踏み切る」と警告したが、その具体的な内容を開示するまでには至らなかった。大規模な制裁が事前に予知できていれば、ロシアは軍事介入に踏み切らなかった可能性もあったとみている。[46]

　米外交評議会会長のリチャード・N・ハース氏によると、「グローバル経済においては、一方的な制裁は、通常、制裁対象国が代替の供給源や資金源を見つけることができるため、逆に制裁する側に大きなコストを課すことになりがち」と指摘する。さらに「制裁に参加しない第三国に対して二次的制裁を行なう場合、外交政策上の利益に深刻な損害を与えることになる。さらに制裁の直接的なコストは見落とされたり過小評価されたりする傾向がある」と分析している。[47] 米識者

２人の発言を紹介している昭和女子大学現代ビジネス研究所研究員・木村誠氏は、最後に「米国の専門家は、いずれも経済制裁の限界に触れ、現状を変えるため最終的には軍事力の行使が求められるとしている点は注目したい」(48)と結んでいる。

NSSプライマーの国力の道具としての「経済」の欄で、貿易に関して、次のように注意喚起している。

　　国家は貿易制限を国策遂行の道具として考慮する際に、自国の経済的繁栄に対する潜在的な損害を慎重に考慮しなければならない。国家はまた、国力を推進するための民間および国有企業の役割と、これらの企業が有するであろう直接的および間接的な影響を考慮する必要がある。

さらに、金融に関しても、

　　道具としての経済を用いて金融ツールの使用を検討する際には、国家は自国および同盟国またはパートナー国の経済的繁栄に対する潜在的な悪影響を慎重に考慮しなければならない。

と警鐘を鳴らしている。

NSSプライマーは、戦略的な思考をもって、経済という道具を用いることが重要であることを示唆している。経済制裁が果たしてどれほどの効果があったのか、ロシアによるウクライナ侵略から１年あまりが経過する中で、戦略国際問題研究所から『ロシア制裁から１年（Russia Sanctions at One Year）』というレポートが公表された。これによると、ロシアがウクライナに侵攻して以来、約１年の間にロシアの個人、企業、製品、技術に１万1000を超える制裁が科されている。個人に対する制裁対象は、米国だけでも約2600人に及び、特定の国への入国を禁止され、資産を凍結されている。当初の期待ほど、経済制裁は地

獄を見るほどのインパクトはないことも事実のようだ。しかし、過去においてイランや南アフリカに科した制裁をみると、制裁は数年後にじわりじわりと効果を発揮してきた。ロシア国内において、社会的不満の高まりを招き、政権維持が困難になると考えられる。このレポートは「最終的にプーチンがウクライナでの戦争を維持することをはるかに困難にする」と結論付けている。[49] 今後、このような専門家による詳細な分析評価が待たれるところである。

軍事侵攻から1年半：プーチン氏の政治目的に変化はあるか？

　プーチン大統領は、侵攻初日の早朝に「特別軍事作戦」の目的を「虐待やジェノサイドから人々を保護する」ことや「ウクライナの非軍事化と非ナチス化」を目指すと演説した。しかし、侵攻から1年半が経過しても、これら目的を達成することは困難なように見える。ウクライナ軍事侵攻から1年半を経過したプーチン氏は、いま何を考えているのであろうか。

　プーチン氏は、2023年2月21日、モスクワのクレムリン近くの会場で、侵攻後初めての年次教書演説を行なった。その中で「特別軍事作戦」について、ロシアの安全保障に関する提案は欧米諸国に否定されたと述べた。「戦争を始めたのは西側諸国で、ロシアはそれを止めるために武力を行使している」と侵攻を正当化した。2022年5月9日の対独戦勝記念日の演説では、自らの開戦の決断を「ネオナチとの衝突は避けられなかった」と正当化していたが、それがさらにエスカレートして、ウクライナ侵攻について西側諸国が戦争を始めたとまで強弁し始めている。プーチン氏は、さらに侵攻を継続する考えを強調し、「戦場で敗北することはあり得ない」とも明言した。

　ここから読み取れることは、彼にはウクライナ軍事侵攻の政治目的を達成しようとする明確な道筋を語らない点である。そこには、政治指導者としてあるいは戦略家としての透徹した政治目的に対する深い

洞察が欠如している。強気の発言の裏には、焦りも垣間見える。

　おそらく、プーチン氏は、ウクライナ軍事侵攻の政治目的を変更したり、刷新したりすることはないであろう。

　「特別軍事作戦」の局面を打開するには、プーチン氏にとって2つの手段が残されている。1つは、ロシア国民に総動員令を発動することである。大量の兵員を動員して、"数"によりウクライナを圧倒して東部2州を完全制圧する。そこで「特別軍事作戦」の「虐待やジェノサイドから人々を保護する」という目的を達成したとして作戦を終了させるという手段である。

　さらに総動員した"数"に頼んでさらに首都キーウまで再侵攻して、「ウクライナの非軍事化と非ナチス化」を成し遂げてすべての政治目的を達成するという手段も残されてはいる。

　しかし、ロシアにとってキーウまで攻め入ることは、総動員をかけても現在のロシア兵の士気の低さや作戦・戦闘効率の悪さからするとかなり困難であるといわざるを得ない。かえって、ウクライナ国民の祖国防衛の意志は一層強固になるであろうし、キーウ再侵攻となれば、西側の援助も格段に強化されることになるだろう。加えて、総動員をかければ、ロシア国民は「特別軍事作戦」という限定的な作戦ではなかったのか？といった反発も予想され、自らの政権が不安定化するおそれをプーチン氏自身も憂慮しているであろう。

　戦況を打開する2つ目の手段は、戦術核兵器の使用である。しかし、これは幻である。プーチン氏はたびたび戦術核兵器の使用をちらつかせてきた。相手を威嚇することはできても、実際にそれを使用することはないであろう。NATO首脳は「核兵器のいかなる使用も絶対に容認できない。われわれはロシアにとって深刻な結果を招くという明確なメッセージを伝えている」(50) と、ロシアに対して再三警告している。プーチン氏にとって、NATOとの全面戦争になれば、ロシアにとって勝ち目がないことは本人も自覚しているはずである。

　プーチン氏に残されているオプションは、「特別軍事作戦」を長期戦に持ち込んでウクライナを疲弊させることである。その間に各種の

情報戦や工作活動をしかけて、西側諸国の支援疲れを招き、支援を先細りさせることを狙うであろう。ロシアの動きと相まって、2023年2月の王毅外相の欧州歴訪に見られるように中国がその背後で間接的にロシアを助けることはあり得る。中国は、欧州諸国、特に仏独伊に秋波を送ることは十分考えられるところで注意を要する。

　結論として、全般の情勢からすると、プーチン氏は手詰まり状態であり、このまま「特別軍事作戦」を継続させるしかない状況が今後も続く可能性が高い。

ゼレンスキー大統領の戦略性

ウォロディミルとウラジミール

　ゼレンスキー大統領は、2023年6月時点で45歳、プーチン大統領より25歳も若い。2人の共通点は国家元首たる大統領職にあることと、2人の呼び名が同じであることの2点のみである。

　ロシア語とウクライナ語で発音が異なり、プーチン大統領の名前はウラジミール、ゼレンスキー大統領のそれはウォロディミルとなる。ところが、たどってきた2人の経歴は、まさに明と暗にくっきりと分かれる。

　プーチン氏は旧ソビエト連邦の国家保安委員会（KGB）の諜報員として、冷戦が終わるまで表舞台に出ることはなかった。KGBとは、東西冷戦の時代にアメリカの中央情報局（CIA）と一、二を争う世界有数のスパイ組織であった。彼がKGB時代にどのような諜報活動をしていたのかは、厚いベールに包まれたままである。(51) その出自からにじみ出る威圧感と彼の不敵な表情が「凄み」を醸し出している。

　一方のゼレンスキー大統領は、ウクライナ中南部クリビーリフの出身で、ロシア語を普段から使う地域で育った。キーウ国立経済大学を卒業後、俳優の道に進んだ。プーチンとは正反対の表舞台そのものを

歩んできたといえる。それもコメディアンとしてである。人々を笑わせることに充実感を感じるタイプであった。KGBという隠然たる「凄み」を利かせて威圧するタイプのウラジミールとはまったく正反対のようである。

この2人は、侵攻前の2019年12月19日にパリのエリゼ宮において、ドイツの当時のメルケル首相、フランスのマクロン大統領と同席する形式で、たった一度会っている。23年間にわたりロシアを支配する老練な政治家ウラジミール、それとコメディアンからウクライナ大統領に就任してわずか8か月の若いウォロディミル、おそらくプーチン氏にしてみれば、こんな若造と対等に会うこと自体が不愉快だと思ったかもしれない。幾多の試練を乗り越えてきたウラジミールにとって、政治家として未知数のウォロディミルを交渉の相手とは見なしていなかった。

ところが、ロシアによるウクライナ侵略以降、ウォロディミルはウラジミールを凌駕するほどの異彩を放っている。

凄みを増すゼレンスキー

ロシアによる侵攻以降、ゼレンスキー氏の顔つきは一変した。侵攻以前の彼の顔立ちは、やや童顔で親しみやすい印象を抱かせ、つるっとした表情には苦悩の色をみじんも感じさせなかった。しかし、侵攻から1年半を経て、彼は、眉間にしわを寄せ、眼から発する鋭い視線は、一層険しさを増し、危機に立つ国家の指導者として、ある意味プーチン氏に引けをとらない「凄み」を感じさせるようになった。戦争というものは、わずか1年あまりでこれほど人の表情を変えてしまうほどのものなのだ。緊張やストレス、そして、憎しみや怒りが彼の身体、特に顔つきに沈殿していったのであろう。

侵攻当初には、一方的に3方向から攻め込まれ、ウクライナは、キーウ陥落の絶望の淵に立っていた。キーウの政府の役人の半数が職場を離れていったといわれている。

その絶望の最中、ゼレンスキー氏は、欧米からの国外脱出の申し出をはねつけ、「脱出のための飛行機はいらないから、弾をくれ」と西側諸国のリーダーたちに要望した。西側指導者たちは、ロシアが明日にも侵攻するとか言うばかりで、軍事支援をしようと言い出さない。危機を煽るばかりで、それによってウクライナは経済的に多大な損失を被っていると、彼は不満を露わにした。ロシアの侵攻が近いとのステートメントを西側がたびたび発出することによって、ウクライナは155億ドルの損失を被っていると、ゼレンスキー氏は見積もった。(52)

　亡命の手を差し伸べた西側リーダーは、ゼレンスキー氏の祖国を断固守るという固い決意の前に首を垂れたことであろう。その後、ゼレンスキー氏の強い要請により、ジャベリンなどの対戦車ミサイル、砲弾や防空兵器など防御に必須の軍事支援を西側は開始することになる。しかしながら、西側の供与も、ロシアをあまり刺激したくないという配慮から、常に抑制的でウクライナの防衛作戦をかろうじて支える程度にとどまっていた。

　ゼレンスキー大統領はじめウクライナ政権幹部は粘り強く西側に働きかけ、2023年1月中旬にはイギリスの主力戦車「チャレンジャー2」14両の供与表明にこぎつけた。その後はドイツ製レオパルド2、米国製エイブラムス戦車など西側戦車だけで200両あまりの戦車が3月以降ウクライナ領内に届き始めた。F-16戦闘機の供与の問題も、ゼレンスキー氏のイニシアティブなしには実現しなかったであろう。

　このようにして、ゼレンスキー大統領のリーダーシップの下、ウクライナは侵攻当初のキーウ陥落という絶体絶命の危機を乗り越え、その後は、ハルキウやヘルソンなどで2022年2月以降に侵攻された国土の約2分の1を取り戻した。

　ウクライナは、2023年6月初旬頃から本格的な反転攻勢を開始した。その帰趨は今なお混とんとしており、予断を許さない状況が続いている。おそらくこの反転攻勢の行く末は、1つはウクライナ軍が攻勢作戦を継続できるだけの兵站面での支えが続くか否かにかかっている。それはすなわち西側の軍事支援にウクライナの攻勢の命運がかか

っているともいえる。

さらに、反転攻勢の行く末は、ロシア軍の戦いぶり如何にもかかっている。動員されたロシア兵の士気は高いのか、そして彼らは自分たちが動員された目的、すなわち戦争目的を明確に理解しているのか、このあたりも今後の趨勢を占ううえでカギとなろう。今回のウクライナによる反転攻勢の帰趨がウクライナの将来を左右することになるであろう。

NSSプライマーの「結論」に次のような文章がある。

　　優れた戦略家は、戦略というものが2人以上のゲームであることを肝に銘ずるべきである。すべての戦略は、事態がどのように展開するかについて、常に主導権をもって自分の意志に基づき能動的に判断する敵に対して働かせなければならない。

まさに、ウォロディミルとウラジミールの意志と意志のぶつかり合い、主導権をめぐる攻防が繰り広げられている。

ウクライナの国益

ロシアによる侵攻以前のウクライナの対ロシア政策は、平和的な解決に重点を置いていた。ヨーロッパとの統合路線を訴える一方でロシアとの対話を重視する姿勢も示したゼレンスキー氏が対ロシア強硬派として知られていたポロシェンコ現職大統領を破り、2019年の大統領選挙に勝利した。ゼレンスキー氏は、選挙の3か月前にウクライナの作家でジャーナリストのドミトリー・ゴードン氏との対談で、ロシアとの対立を克服するための戦略として、プーチン氏とテーブルの交渉につくことで「われわれ二者はどこか中間地点で会えると思う」と語っていた。[53]

ゼレンスキー氏は、平和を維持することを優先していた。大統領就任から8か月後の2019年12月にパリでプーチン氏と初めて会談したに

もかかわらず、彼は何の成果も出せないまま、いたずらにプーチン氏に戦争遂行のための準備の時間を与えてしまった。

　侵攻以前のウクライナにとっての国益は「現状の維持」であり、ロシア軍による軍事侵攻を抑止することにあった。しかし、すでにウクライナへの軍事侵攻に焦点を定めていたプーチン氏に対しては、その国益は無力であった。国益を擁護するための戦略も不十分で、展望の見えない外交交渉に頼るしかない状況であった。

　それでは、ロシアによる侵略以降のウクライナにとっての「国益」は一体どのようなものになるのであろうか。そして、それにともなう「政治目的」、「具体的目的」についてもNSSプライマーから読み解いてみよう。「国益」について、NSSプライマーは次のように記している。

　　　死活的な国益とは、戦争を行使したり、戦争寸前までリスクを冒したりするなど、国家がほぼすべてのコストを負担し、ほぼすべてのリスクを負うものをさす。国家の生存に対して、実在する脅威から守ることは確かに死活的な国益である。

　ゼレンスキー大統領はじめウクライナの政権中枢は、戦時にあるウクライナにとっての死活的な国益は何かと問われたならば、議論するまでもなく即座に「国家の生存そのもの」であると答えたであろう。

　ひとたびロシア軍がウクライナ国境を越えてウクライナ領内になだれ込んでくると、ゼレンスキー氏の姿勢は瞬時にして変化した。彼は、侵攻以降、即座に平和的解決という発想を捨て去った。そして、戦時の大統領として振る舞い始めるのである。彼は、その思考の柔軟性をもって、いま何が最も優先されるかを即座に判断した。NSSプライマーの第6章の最後に、

　　　政治・軍指導者が政治目的が達成されずにコストが回収できないと決断した場合には、いかに苦痛をともなうものであろうとも、政

治目的を変更し、それを支える戦略をも変更する時機が到来しているということである。

として、目的が達成されないと判断されたならば、一刻も早く目的を変更することの勇気を強調している。ゼレンスキー氏は、その重要性を本能的に理解していた。あるいは、大統領職に就いてからロシアとの交渉を重ねるうちに平和的な解決が困難であることに薄々気づいていたとも考えられる。

2023年8月時点の状況から判断すると、国家の生存そのものが脅かされているという最悪の状態からは、かろうじて脱している。しかし、依然として多くの領土と国民がロシア軍の占領下に置かれている状態が継続している。

ウクライナの「政治目的」

NSSプライマーでは、国益はあまりに包括的すぎて、永続的な性質が強いので、国家安全保障戦略のための達成可能な目的とは通常なり得ないとして、政治目的を確立することの重要性を次の通り指摘している。

　国家安全保障戦略の目的は、現在の困難な状況をそれほど厄介ではないか、より有望な状態（望ましく新しい状態）に改善することにある。そして、その政治目的が戦略を策定するための明確かつ達成可能な焦点を提供することとなる。

ウクライナの政治目的はどのようなものになるのであろうか。現在の困難な状況からより望ましい状態に改善するには、「ロシアによって占領されている領土の回復」となる。

さらに、NSSプライマーは、政治目的を達成するために、何を成し遂げねばならないかを明らかにせよ、と指摘している。それが「具体

的目的」である。

　領土の回復には、何が必要か。軍事的には攻勢作戦をしかけてロシア軍を占領地域から駆逐することである。この具体的目的である「領土の奪還」を達成するために、ゼレンスキー大統領以下ウクライナは、国家総出で死にもの狂いの戦いに臨んでいる。NSSプライマーの用語を用いれば、「国力の道具」（DIME）を駆使して国家が総力で戦っているのが、今のウクライナである。

　ところが、ウクライナには致命的な欠落がある。それは、占領地域を奪い返すだけの攻撃戦力を自力で造成できないことである。ロシアのプーチン大統領は、このウクライナの致命的な欠落を十分承知のうえで、長期戦にもっていこうとしている。

　ゼレンスキー大統領は、国家指導者として、この欠陥を重々認識しているがゆえに、世界中からの支援を訴え続けている。この「具体的目的」を達成するには、大統領としての自分は「何を為すべきか」を最も自覚している戦時の大統領である。

　その真骨頂は、G7広島サミットの時にも現れた。

広島サミット前後のゼレンスキー

　2023年5月20日、ゼレンスキー大統領は電撃的にG7首脳会議が開催されている広島を訪れた。その場で、G7首脳のみならずインドのモディ首相などグローバル・サウスの有力国首脳とも会談し、支援の輪を広げていった。彼の行動の特徴は、いま何をすれば、目的達成に最も効果的かを的確に判断しているところにある。おそらく、彼の俳優やコメディアンとして培った才覚がなせるものであろう。

　NSSプライマーの「国力の道具」といわれるDIME（外交・情報・軍事・経済）の観点から彼の言動に注目してみよう。

　まず、外交（Diplomacy）である。彼の言動は“国際社会に共感をもたらし強力な支持を得る”という目的に基づいて一貫している。そして、彼の行動力はプーチン氏に比して圧倒的である。G7開催前には、

欧州からの参加国である伊・独・仏・英を回った。その後、アラブ首脳会議に参加して、ウクライナに対する支援を訴えた。その直後の広島電撃訪問であった。戦時下にある大統領が、はるか極東で開催されているG7に足を運んだという事実も外交的には大きな成果となった。

　情報面（Intelligence）について。侵攻以来、1年半に及ぶロシア軍との戦いにおいて、ウクライナは自軍の軍事行動については鉄壁の保全を保っている。ウクライナ軍は、6月に開始された反転攻勢に先立ち、ビデオ映像を流し自軍の保全意識を高めるとともにロシア軍に対する隠然たる影響工作を行なっている。他方で、ロシア軍の損耗や被害に関する情報は積極的に開示している。

　さらに、ゼレンスキー氏は、ウクライナの立場をSNSで自ら発信し続けている。Twitterのフォロー数は735万にのぼる。バイデン大統領の3734万には遠く及ばないが、スナク英首相207万、岸田首相72万をはるかに上回っている。ウクライナの情報面での特徴は、SNSを効果的に活用しているところにある。

　軍事（Military）について。ゼレンスキー氏は「西側の軍事支援なくしてロシア軍との戦いを継続することは困難である」ことを深刻に自覚している。この致命的弱点を克服するために、彼はまさに奔走している。広島でのG7サミットを最大限に活用して、F-16戦闘機連合という新たな軍事支援をNATO関係国に確約させた。

　最後に経済面（Economy）では、ロシアへの輸出制限を「侵略に重要なすべての品目」に広げるというG7による追加制裁を勝ち取った。また、ウクライナ復興のためのゆるぎない支援を盛り込むことにも成功した。ただし、経済制裁下においてもロシアへの第三国経由の抜け道が存在していることも事実である。

　こうしてみると、危機にある国の国家指導者の言動がこれほど国際社会に訴えかけ影響を及ぼしていることは、まさにゼレンスキー大統領の卓越した戦略性にあるといえる。いつ、何を、どのように発信し行動すれば最も効果的に国際社会の支持を得られるかを彼は優先付けて判断し、即座に実行している。

日本への教訓

　ひるがえって、日本の状況は大丈夫なのかと私は問いかけたい。日米安保条約があるから大丈夫なのか。自分で守る覚悟のない国を助けに来てくれる同胞はいるのか。ウクライナを人ごとのように見るのではなく、自分のこととして捉えておく視点が日本人には必要である。これまで、平和主義に徹していればよいといった甘い発想では国の安全はおぼつかない。

　ゼレンスキー大統領も、2022年2月24日以前は、平和主義の持ち主であったといえる。ひとたび、戦火の火の手が上がると、彼は平和主義をかなぐり捨てて、領土の奪還にまい進する。

　ゼレンスキー氏の侵略される前後の言動を概観してみると、その後の言動は鮮やかではあるとしても、結果的には彼はロシアの軍事侵攻を許した大統領であることは否定できない。

　日本においても、領土に手をかけられたら、その後の領土の奪還は容易でないことがわかる。したがって、侵略されないように平素から国力の道具としてのDIMEを駆使して紛争の芽を摘み続けることが重要である。

　我が国に対する侵略を未然に防ぐ不断の努力の積み重ねが極めて重要であり、その努力の中身とは、万が一に備えて、防衛省・自衛隊が死にもの狂いで練磨に励むことである。そして、外交、経済、情報などの国力の道具を平素から互いに連携させて国の安全を確実にすることである。これには、国家としての総合力の発揮と司令塔の強化が不可欠である。そして最後に、それらを支える最も根幹にある国民1人ひとりの理解が何よりも重要である。

最後に：プーチンとゼレンスキーの今後の戦略

　第3部では、NSSプライマーの戦略ロジックに基づいて、ロシアのウクライナ侵略の戦略や軍事作戦の分析を試みた。あわせて、プーチン大統領とゼレンスキー大統領の戦略性も浮き彫りにした。いまだ戦闘は継続されており、その帰趨は未知数である。これまでの分析では、プーチン氏の「政治目的」はあいまい、かつ優先順位付けも示されていないとした。

　しかしながら、これまでのところ、プーチン氏は開戦当初の演説で示した「虐待やジェノサイドから人々を保護する」ことと「ウクライナの非軍事化と非ナチス化」を目指すという「政治目的」を修正したり、変更したり、縮小したりしようとする素振りは見せていない。依然として、力づくで自らの「政治目的」を成し遂げようとしているように思われる。むしろ、戦争の原因がNATOにあるかのような発言が目立ち始めている。プーチン氏の意図がよくわからないがゆえに、ウクライナで行なわれている「特別軍事作戦」は不気味であり、欧州全体に沈鬱な状況を醸し出している。

　最後に、プーチン氏とゼレンスキー氏の今後の戦略を展望して締めくくることにしよう。

　NSSプライマーにおいて、「国力の要素」について学んだ。その要素とは、天然資源、地理、人的資本、経済、産業、研究開発/技術、インフラ、統治、文化、国家意志、国際評価などである。ロシアは、天然資源や地理的な要素、さらに人的規模ではウクライナを凌駕する。

　一方、ウクライナは、国家意志や国際評価の点ではロシアよりも優勢であるといえる。しかし、残念ながらウクライナには、独力でロシアによる侵略を押し戻す力がない。この軍事的な欠落はウクライナの命運を決定づけている。それが、2人の今後の戦略にも大きく影響している。

プーチンの戦略

　まず、プーチン大統領の戦略について考えてみよう。NSSプライマーを適用すれば、彼の政治目的やウクライナ侵略の戦略はすでに破綻している。したがって、本来であればここで立ち止まり政治目的や戦略を立て直すべきである。しかし、彼はいったん始めたウクライナ侵略をやめようとしていない。

　プーチン氏は、2023年6月下旬のプリゴジンの乱により一時的な政治危機に直面した。23年間、ロシアを統治してきたプーチン氏にとって、最大の試練であったとの見方が多い。だが、その後においても前線における作戦・戦闘には負の影響はあまり出ていない。さらに、プリゴジン氏個人の政治的影響力を排除し、ワグネルという戦闘力についてはそれを温存して、ベラルーシなどで新たに活用しようとしている。

　プーチン氏が今後採る戦略は、次のようなものになるであろう（あくまでも前提として、彼がロシアの最高権力者である限りという条件付きであるが）。

　まず、数年という長期的な視点に立てば、彼は、ウクライナを自らの勢力圏に入れることを引き続き追求し、ウクライナ侵略を継続するであろう。そのために、中国やイラン、北朝鮮との連携を強化し、西側に対抗する勢力を形成しようとするであろう。中国にとっても、プーチン統治のロシアが倒れてしまえば、西側の戦略的な関心が一気に中国に注がれてしまう。そういう状況にならないよう、中国の習近平指導部はプーチン氏を陰に陽に支えるであろう。また、その間に、プーチン氏は西側の結束にくさびを打ち続けるとともに、経済制裁の抜け道を広げて、制裁による自国経済などへの悪影響を緩和させようとするであろう。

　中期的（2024年）には、プーチン氏はまず来春に予定されているロシア大統領選挙において圧倒的に勝利して、特別軍事作戦のフリーハン

ドを得ることを最大の目標とするであろう。その次には、2024年末に
予定されている米国の大統領選挙に向けて各種工作を行ない、バイデ
ン大統領が再選を目指すならば、それを徹底して阻止する動きに出る
のではないかと思われる。特別軍事作戦については、プーチン氏が再
選されたあかつきにはさらに動員をかけて攻勢作戦に出る可能性を追
求するであろう。

　短期的（2023年）には、プーチン氏はウクライナ軍の反転攻勢を食い
止め、現占領地域を引き続き確保することを当面の目標としているで
あろう。その中でも、軍事的な優先順位は、クリミアおよび黒海制海
権の確保とそれへの後方連絡線の維持が最大の焦点となる。プーチン
氏は、昨冬と同様に、秋から冬に向けてウクライナの発電施設などの
エネルギー・インフラを主対象にミサイルやドローン攻撃を集中し
て、ウクライナに厳しい冬を迎えさせ、ウクライナ国民の戦意を喪失
させようとするであろう。

　これが、プーチン氏の描いている戦略ではなかろうか。

ゼレンスキーの戦略

　かたや、ゼレンスキー大統領はどのような戦略を描いているのであ
ろうか。

　ゼレンスキー氏は、世界を駆けめぐり、広島Ｇ７サミット、NATO
首脳会議などに出席して、ウクライナに対する西側の長期的な支援継
続は取り付けた。しかしながら、6月初旬に開始した反転攻勢は進展
せず、2か月を経ても戦果は乏しい。

　ウクライナは前述したとおり、反転攻勢の継続を西側の軍事支援に
依存しており、ロシアのように主体的に戦略を構築することが難しい
状況に置かれている。年内の反転攻勢が功を奏しない場合、今後の展
望を見通すことは難しく、ゼレンスキー氏にとって厳しい局面が続く
ことになる。おそらく、彼は長期から短期へという発想ではなく、喫
緊の課題から優先して対応策を立てざるを得ないのではないかと推測

される。したがって、プーチン氏とは逆の順序で考察している。

　まず、短期的（2023年）には、何としてもロシア軍の防御陣地に突破口を開け、そこからある程度の占領地域を奪い返し、冬までに目に見える成果を出すというのが彼の当面の最大目標であろう。ロシアの守備陣地への攻撃を継続しつつ、クリミア大橋やクリミア黒海艦隊、さらには首都モスクワなど後方地域や首都への大規模ミサイル・ドローン攻撃を実施して、ロシア軍への精神的圧迫、ロシア国民の厭戦気運を増大させようとするであろう。状況によっては、ロシア軍の配備の弱点を衝く狙いから、反転攻勢の主たる作戦軸をザポリージャ正面から、他の正面に変更することがあるかもしれない。また、厳しい冬を迎える前に、エネルギー・インフラなどへの防空能力を強化するであろう。ゼレンスキー氏は、このような対応策をとるに際しても、必須となる西側の迅速な軍事支援を引き続き要求することは想像に難くない。

　中期的（2024年）には、西側から供与されるF-16戦闘機の戦力化により、来春以降、空地一体での本格的な攻勢を企図するであろう。この際、2023年における反転攻勢の教訓から、新たな攻勢作戦の戦い方を追求するかもしれない。外交的には、ロシアおよび米国の大統領選の結果がウクライナ戦争の帰趨にも大きく影響するとの認識から、ゼレンスキー大統領自らによる外交活動をさらに活発化させるであろう。

　長期的（数年）には、ウクライナのアキレス腱は「西側の軍事支援」であることから、西側からの軍事支援をいかに長期にわたって確保していくかが最優先されるであろう。同時に、国内的には長期にわたる戦争にも耐え得るウクライナ国民の継戦意志を持続させる努力も怠ることはできない。そのためには、NATO、EU加盟への具体的な道筋を描き、国民に示すことが重要となってくる。

停戦への道筋は？

　このように、2人の指導者は、年内の戦いから来年、さらには数年

という時間軸をもって、DIME（外交、情報、軍事および経済）を最大限に駆使して、自国にとって有利になるように熾烈な戦いを繰り広げるであろう。こうした分析から言えることは、なかなか戦争は終わりそうにないということだ。

　果たして、停戦への道筋はいかなるものになるのであろうか。人口５千万人程度以上による二国間の本格的な戦争は近年ではほぼなかったと言ってもよい。1950年から３年あまり戦われた朝鮮戦争では北朝鮮の人口が１千万人、韓国が２千万人を超える程度であった。

　ウクライナ戦争は、一方の当事国が安保理常任理事国である。国連が調停に乗り出すのも困難をともなうであろう。この戦争では、おそらくプーチン大統領が戦争を停止させることができる唯一の人物であろう。したがって、彼がこの戦争をいったん停戦できる条件とは何かを明確にするか（ウクライナや西側がプーチン氏にとって受け入れられそうな提案ができるか）、あるいは彼自身がロシア最高権力者の地位から降りて新たなロシアのリーダーの下で停戦を決めるかのどちらかになるであろう。

　対して、ゼレンスキー氏は、クリミア半島を含む奪われた領土のすべてを回復すると主張している。これは、国家指導者として当然の発言である。彼が停戦交渉に臨む妥協案をひそかに持っているとしても、それを公にすることはあり得ない。ポーカーゲームで自分の手の内を見せる者はいないのと同じ理由である。

　しかし、この戦争が長期化して多くの犠牲者が双方に出ることになれば、おのずと停戦の機運というものは出てくるであろう。朝鮮戦争においては３年あまり戦い続けて、互いの攻防が収束していったラインが北緯38度であった。いずれ、どこかの時点で、どこかのラインで折り合いをつけることが求められてくる。そのために、いまウクライナは必死になって反転攻勢をしかけ、有利な態勢をもって停戦を迎える条件を作為しようとしている。

　この戦争は、いったん停戦が成立したとしても、プーチン氏がロシアの最高権力者である限り紛争の火種はその後もくすぶり続けること

を覚悟しておかねばならない。プーチン氏は「戦いに勝ちたければ最後までやり抜かなければならない。人生最大の決定的な戦いであるかのように」(54) という趣旨の言葉をよく口にする。彼が子供時代に喧嘩で培った原則であり、またKGBで叩き込まれた原則でもある。この言葉は、今回のウクライナ侵略においても適用されると見た方がよい。

　ウクライナ戦争を見ていると、NSSプライマーが語りかける重要な指摘を思い起こさずにはいられない。仮定を至当に置くことの重要性（59頁）、政治目的や戦略を確立することの重要性（69頁）、軍事という道具は国家が行なうことのできる最も危険な行動であることから厳格に適用すべきこと（84頁）、コストが回収できないと判断した場合には政治目的を変更すること（107頁）などである。
　あらためて、NSSプライマーは、戦争をいかに防ぎ、国家の存立を全うするためにいかなる戦略を構築すべきか、そのエッセンスを我々に教えている。

（1）原文 Jack Watling and Nick Reynolds, "The Plot to Destroy Ukraine"は次から参照できる。https://static.rusi.org/special-report-202202-ukraine-web.pdf
（2）同上、18頁。
（3）2022年2月10日18時54分、NHK NWES WEB「ロシア ウクライナに圧力 ベラルーシ軍と合同演習 黒海に艦隊」https://www3.nhk.or.jp/news/html/20220210/k10013478301000.html?msclkid=925587cbd06811ec8a6246e218755eea（2022年5月12日アクセス）
（4）2022年2月19日、日本経済新聞オンライン「米大統領『プーチン氏がウクライナ侵攻決断と確信』外交で解決呼びかけ」
（5）2022年2月24日、JETROビジネス短信（モスクワ発）、「ロシア、ウクライナ東部の分離独立派支配地域を国家承認」https://www.jetro.go.jp/biznews/2022/02/2e932c2373ed4df7.html（2023年6月27日アクセス）
（6）2015年2月11日に調印された、東部ウクライナにおける紛争の停戦を意図した協定。欧州安全保障協力機構（OSCE）の監督の下、フランスとドイツが仲介して、ウクライナとロシアがベラルーシのミンスクで署名した。
（7）2022年2月21日、読売新聞オンライン「『ロシアがウクライナ侵攻しなければ』…米露首脳会談の開催で原則合意」
（8）2022年2月22日、日本経済新聞「ロシア、ウクライナ東部に派兵」
（9）2022年2月24日、日本経済新聞「ウクライナ全土に非常事態宣言」
(10)2022年2月25日0200、日本経済新聞オンライン「プーチン氏演説要旨（24日）」
(11)2022年5月10日、日本経済新聞「プーチン氏、侵攻正当化 対独戦勝記念日 米欧との

対立鮮明 戦争状態・戦果言及せず」

(12) 2022年２月27日、朝日新聞 ウクライナ危機の深層第30回「ウクライナ侵攻は１年越しの綿密計画 ロシア軍事作戦は狙い通りか」

(13) 2020年６月８日、ロシア連邦外務省ホームページ、"Basic Principles of State Policy of the Russian Federation on Nuclear Deterrence." https://archive.mid.ru/en/web/guest/foreign_policy/international_safety/disarmament/-/asset_publisher/rp0fiUBmANaH/content/id/4152094 （2023年６月27日アクセス）

(14) 朝日新聞第40回「ウクライナ危機の深層」秋山信将・一橋大学教授の言。

(15) 2022年２月28日、日本経済新聞「ロシア「核部隊の準備完了 キューバ危機以来の局面に」

(16) 2022年12月22日、産経新聞ニュース「プーチン氏『新型核兵器を近く実戦配備』 ウクライナと欧米威圧」

(17) 2022年４月23日、産経ニュース「新ICBM、秋までに配備 米本土攻撃可能 露宇宙企業、東シベリアに」

(18) 2023年６月22日、ロイター通信「プーチン大統領『核の３本柱』強化の意向 新型ICBMの実戦配備も」https://jp.reuters.com/video/watch/idOWjpvC8Z10M1D3Z76MWSKNDIT4D3IC

(19) 2015年３月16日、ロイター電子版「プーチン大統領、クリミア併合で『核兵器準備していた』」https://jp.reuters.com/article/ptin-idJPKBN0MC03220150316 （2023年６月27日アクセス）

(20) 2022年３月８日、朝日新聞、ウクライナ危機の深層第40回「核使用、通常なら考えられないが…秋山信将・一橋大学教授に聞く」

(21) 2014年５月６日、ナショナル ジオグラフィック日本版サイト「ロシア系住民は領土復活の足掛かり」https://natgeo.nikkeibp.co.jp/nng/article/news/14/9197/ （2023年６月27日アクセス）

(22) 2022年３月１日、NHK NEWS WEB「ウクライナ ロシア 最新分析まとめ 停戦交渉のゆくえは」https://www3.nhk.or.jp/news/html/20220301/k10013507231000.html （2023年６月27日アクセス）

(23) 2022年３月16日、読売新聞「視点 ウクライナ危機 首都包囲 補給断つ狙い」

(24) 2022年３月11日、Breaking Defense「Top American generals on three key lessons learned from Ukraine」https://breakingdefense.com/2022/03/top-american-generals-on-three-key-lessons-learned-from-ukraine/ （2023年８月４日アクセス）

(25) March 16, 2022, Washington Post Live, "Transcript: The Path Forward: Gen. David H. Berger," https://www.washingtonpost.com/washington-post-live/2022/03/16/transcript-path-forward-gen-david-h-berger/ （2023年６月27日アクセス）

(26) 参考文献として、宇山智彦「なぜプーチン政権の危険性は軽視されてきたのか──国際情勢分析と認知バイアス──」（北海道大学スラブ・ユーラシア研究センター ロシアのウクライナ侵攻特集）がある。https://src-h.slav.hokudai.ac.jp/center/essay/PDF/20220413.pdf （2023年６月27日アクセス）

(27) 2022年３月27日付日本経済新聞朝刊「ロシア、焦りの戦略修正 東部掌握を優先」

(28) 英国防省ホームページDefence Secretary statement to the House of Commons on Ukraine: 25 April 2022 - GOV.UK (www.gov.uk) （2023年６月27日アクセス）

(29) Twitter," Defense of Ukraine"より （2023年４月30日アクセス）

(30) 2023年３月22日、NHK NEWS WEB「中ロ首脳会談 両国の緊密な関係を誇示 共同声明で対米けん制」https://www3.nhk.or.jp/news/html/20230322/k10014015581000.html （2023年６月27日アクセス）

(31) 2022年５月４日、NHK NEWS WEB「『ヒトラーにユダヤ人の血』ロシア外相発言に

イスラエル反発」https://www3.nhk.or.jp/news/html/20220504/k10013610951000.html
（2023年6月27日アクセス）

（32）2022年4月9日、日本経済新聞「ロシア追放、亀裂露呈 国連人権理の資格停止」

（33）2022年5月12日、日本経済新聞「G7外相会合が開幕、ロシア制裁・コロナなど議論」

（34）Smith, Maggie and Starck, Nick "OPEN-SOURCE DATA IS EVERYWHERE—EX
CEPT THE ARMY'S CONCEPT OF INFORMATION ADVANTAGE,"2022年5月24日,
Modern War Institute at West Point.　https://mwi.usma.edu/open-source-data-is-every
where-except-the-armys-concept-of-information-advantage/（2023年6月27日アクセス）

（35）2022年2月20日、朝日新聞、ウクライナ危機の深層第11回「前のめりで機密を公開
する米国、その狙いとは ウクライナ危機の深層」

（36）2022年2月24日、日本経済新聞「ロシア、自作自演か『ウクライナの攻撃で被害』動画」

（37）2022年4月9日、日本経済新聞「サイバー工作 ロシア暗躍」

（38）2022年4月8日、日本経済新聞「ロシア、デジタル鎖国で世論操作」

（39）2022年5月13日、日本経済新聞「G7デジタル相、サイバー対策強化へ宣言 権威主
義に対抗」

（40）2022年5月11日、日本経済新聞「バイデン氏、機密管理の徹底指示 情報機関リーク巡り」

（41）2021年9月14日、英国防省ホームページ「Speech UK Strategic Commander DSEI
2021 Speech」https://www.gov.uk/government/speeches/uk-strategic-commander-dsei-
2021-speech)（2023年6月27日アクセス）

（42）2022年3月12日、朝日新聞、ウクライナ危機の深層第48回「『追加制裁の可能性も』
経済制裁の専門家が分析するロシアの誤算」

（43）日本の経済制裁に関しては、経済産業省ホームページ「対ロシア等制裁関連」
https://www.meti.go.jp/policy/external_economy/trade_control/01_seido/04_seisai/crimea.html

（44）2022年5月15日、日本経済新聞「G7中心の制裁に試練 ロシア、原油高騰で税収
5割増も禁輸、包囲網作れず」

（45）2022年5月27日、朝日新聞「対ロ制裁は効いているのか 国際金融のプロが語る通貨
秩序の行方は」

（46）木村誠「対ロシア経済制裁の効果は限定的か」一般財団法人国際貿易投資研究所
https://iti.or.jp/flash/510（2023年6月27日アクセス）

（47）同上

（48）同上

（49）Snegovaya, Maria, Dolbaia, Tina, Fenton, Nick, and Bergmann, Max, "Russia Sanctions
at One Year," CSIS, February 23, 2023.（2023年6月27日アクセス）

（50）2022年9月28日、ロイター「核兵器使用で『深刻な結果』招く、NATOがロシアに
警告」https://jp.reuters.com/article/ukraine-crisis-nato-stoltenberg-idJPKBN2QS1LM.
（2023年6月27日アクセス）

（51）ショート・フィリップ『プーチン（上）生誕から大統領就任まで』（白水社、2023年
5月）によれば、プーチン氏が対外諜報に移動したのは1970年代の終わり頃で、本人は
否定しているが、反体制派の取り締まりをしていたことは間違いないとしている。

（52）Plokhy, Serhii, "The Russo-Ukrainian War: The Return of History," pg.146.

（53）「『ゼレンスキーは超優秀な戦時大統領』ハーバード大ウクライナセンター長評す」
Forbes Japan, 2023年4月21日。https://forbesjapan.com/articles/detail/62558（2023年6
月27日アクセス）

（54）ショート・フィリップ『プーチン（上）』（白水社、2023年）75頁

おわりに

磯部晃一（元陸将）

　まず冒頭に申し上げておきたいことがある。NSSプライマーは、主に国家安全保障戦略などを策定する戦略家、いわゆる実務者を対象に書かれている点に留意する必要があるということだ。したがって、戦略家にはまことに有益な文献である。他方で、国家指導者の視点から見ると、NSSプライマーはやや物足りなさを感じるかもしれない。おそらく、それを埋めてくれる唯一の道は、国家の危機に遭遇し、その危機を克服してきた先人たちの足跡をたどることにある。ウィンストン・チャーチルやシャルル・ドゴールの生の声に耳を傾ける以外にはないであろう。

　米国防大学出版局発行のNSSプライマーにめぐりあえたことは、私にとってまさに僥倖であり、また運命的なものでもあった。同大学に留学したのはもう20年も前のことになる。2001年9月11日の米国同時多発テロの翌年のことであった。同大学には卒業後もしばしば訪問している。最近では2022年と23年に訪問する機会を得た。卒業生をいつも温かく迎えてくれるのはありがたい。そして、NSSプライマーの執筆者の1人であるアダム・オラー准教授に日本語訳を刊行するに際して、日本の読者にメッセージを寄稿していただいた。心より感謝申し上げたい。

　NSSプライマーの翻訳にとりかかったのは、ロシアによるウクライナ侵略以前の2021年のことであった。ちょうど、その年の2月に折木良一元統合幕僚長からお声をかけていただいた。その内容は、国家安

全保障戦略研究会を立ち上げて、次の日本の国家安全保障戦略について、防衛省・自衛隊のOBで提言を出そうというものであった。メンバーは、座長に折木元統幕長、副座長に黒江哲郎元防衛事務次官、委員として荒木淳一元空将、池田徳宏元海将、住田和明元陸将、髙島辰彦元海将、武藤茂樹元空将（五十音順）、そして私の８人である。同研究会は、2021年２月から20回の研究会を開催し、延べ40時間以上かけて徹底して議論した。そしてまとめたのが、政策提言「新たな『国家安全保障戦略』に求められるもの〜激動する国際情勢に立ち向かうために〜」（2021年11月）であった。

　岸田政権の下で、政府として２回目の国家安全保障戦略が閣議決定されたのが、それから約１年後の2022年12月である。委員一同、公表された政府の国家安全保障戦略を一読して、私どもの多くの提言が同戦略に盛り込まれていることに驚嘆するとともに、政府の覚悟に敬意を抱いた。たとえば国家安全保障戦略を国家の最上位の戦略として位置付けること、反撃能力を保有すること、防衛費をGDP比２パーセントに増額すること、今後のハイブリッド戦などに対して国家全体で取り組むこと、防衛省・自衛隊に常設統合司令部を設置すること、防衛大綱に代わり国家防衛戦略を策定することなどである。

　2022年12月の国家安全保障戦略の公表後、同研究会は再び検証作業にとりかかった。政府の戦略文書を読み込み、約２か月で評価を取りまとめた。それが「戦略３文書に関する評価・課題と提言〜決意と実行の時〜」である。これら国家安全保障戦略研究会の２つの文書については、次のウェブサイトで公開しているので、ご関心の方はアクセスされたい。

　https://www.riipa.org/

　https://isobekoichi.com/

　折木座長はじめ、多くの委員と意見を交わすことは、大いなる知的刺激となった。国家としての国益を明確に位置付け、国家安全保障戦略を策定することの重要性とともに、その戦略を定期的に検証してそれを是正することの重要性を認識した。

NSSプライマーの翻訳を続けながら、同時に同研究会で議論を続けることはかなりのハードワークではあったが、日本のあるべき国家戦略とNSSプライマーの主張が共鳴し合い、それが私にとっては心地よい快感でもあった。折木座長はじめ委員の皆様に感謝申し上げる。

　そして、折木さんは、NSSプライマーの翻訳を丹念に読んでくださり、多くの示唆に富むご指導をいただいた。せっかくの労作だから世に出してはどうかと薦めてくださった。折木さんの後押しがなければ、NSSプライマーは世に出ていなかった。

　本書は、月刊誌『軍事研究』に連載したものをベースにして、脚注、用語の解説や参考文献も加えてNSSプライマーを忠実に訳し直したものである。さらに第1部と第3部については、ウクライナ戦争はじめ国際情勢は時々刻々変化するので、2023年8月上旬時点のものに修文した。プーチン大統領の戦略を読み解くことに加えて、ゼレンスキー大統領の言動についても、NSSプライマーから新たに読み解いてみた。

　ここに改めて『軍事研究』誌のご理解を得て本書を刊行できることに感謝申し上げたい。そして、その連載を読んだ並木書房の奈須田若仁社長から出版のお声をかけて下さった。正直、驚いた。連載で十分だろうと思っていたところに、NSSプライマーを日本で出版しましょうと私の背中を押してくださった。

　話は少し長くなるが、奈須田社長とのご縁は次のようなものである。社長のご尊父、故奈須田敬翁は私にとって、かけがえのない安全保障や戦略に関する「師匠」の1人である。奈須田翁は、特に政治と軍事の関係について造詣が深く、鋭い洞察力を持っておられた。奈須田翁は、銀座の一等地のとあるビルの最上階のサロンで、いつも新聞や新刊書に埋もれるように囲まれてソファーにポツンと座っておられた。銀座一等地のサロンと聞くとどんな立派なところだろうと想像するかもしれないが、ビルのエレベーターは4人も乗れば窮屈なレトロ

な昭和を感じさせるものであった。降りると最上階の壁にはびっしりと本が並んでいる。真ん中に年季の入った長机があり、低いソファーがそれを囲んでいる。ざっと十数人座れる程度のペントハウスであった。今もその風景は鮮やかに脳裏に残っている。栗栖弘臣元統合幕僚会議議長のお話を聞いたこともあった。

　仕事に行き詰ったとき、もやもやして頭の中の霧が晴れないとき、翁に電話して気安く出かけて行ったものだ。いつも、慈愛に満ちた温かな眼で迎え入れてくれた。「先生、お言葉に甘えてやってきました！」、「おぅ磯部君、冷蔵庫にビールが入っているから、まず一杯やってくれたまえ」と言われるのが定番のあいさつであった。翁との会話は縦横無尽に展開し、あっちに話題が飛んだと思えば、今度はこっちに論点が移り、あっという間に時間は過ぎていく。でも不思議なことに帰るころには、頭はスッキリして、「よし、また頑張るぞ！」と足取りも軽やかになっていた。奈須田翁のお話は、歴史に裏付けられた広がりと深さがあった。

　毎月『ざっくばらん』というミニコミ紙が送られてくるのだが、それがいつも待ち遠しかった。その『ざっくばらん』が東日本大震災を契機として、2011年4月号で休刊となったのは実に寂しかった。その冒頭に「満91の老翁が、吹けばとぶような10頁誌だが、40年近くも編集長を続けるのは異常というほかない。読者よ、諒とされたし。又の好機をえたい」と休刊の意向を伝えておられる。私はこの『ざっくばらん』を読んで育ってきた。今も読み返すことしきりである。

　どうも、今回の出版に至った源流は、天上から奈須田翁が導いてくださっていたのではないかと思うことしきりである。約70年にわたり一貫して戦後の政治と軍事の関係を俯瞰してこられた奈須田翁にこの書を謹んで捧げたい。「若輩磯部も60の半ばにしてやっと戦略に関する本を上梓しました」とご報告申し上げれば、翁が何と返してくださるか、それを聞きたい気持ちが強くなる。

　本書が多くの日本人に読まれ、戦略を考える端緒になればこれほど嬉しいことはない。

A National Security Strategy Primer
Edited by Steven Heffington, Adam Oler,
and David Tretler
National Defense University Press
Washington, D.C.
2019

磯部晃一（いそべ・こういち）
元陸将、戦略家。徳島県出身、1980年防衛大学校（国際関係論専攻）卒、陸上自衛隊に入隊。第9飛行隊長、中央即応集団副司令官、統幕防衛計画部長、第7師団長、統合幕僚副長、東部方面総監を歴任。米海兵隊大学で軍事学修士（1996年）、米国防大学で国家資源戦略修士（2003年）を取得。ハーバード大学およびアジアパシフィック・イニシアティブの上席研究員を歴任。現在、国際安全保障学会理事等に就任。防衛省統合幕僚学校および教育訓練研究本部の招へい講師として戦略などを講義。著書として、日本防衛学会猪木正道特別賞受賞作『トモダチ作戦の最前線：福島原発事故に見る日米同盟連携の教訓』（2019年、彩流社）などがある。

米国防大学に学ぶ
国家安全保障戦略入門

2023年8月30日　印刷
2023年9月10日　発行

編　著　アダム・オラー
　　　　スティーヴン・ヘフィントン
　　　　デヴィッド・トレトラー
編　訳　磯部晃一
発行者　奈須田若仁
発行所　並木書房
〒170-0002 東京都豊島区巣鴨 2-4-2-501
電話(03)6903-4366　fax(03)6903-4368
http://www.namiki-shobo.co.jp
印刷製本　モリモト印刷
ISBN978-4-89063-439-2